VENEZUELA
ISLA DE MARGARITA

Reisen mit Insider Tipps

> Die Natur ist ein Wahnsinn hier, die vielfältigen Möglichkeiten, die sich bieten, wenn man ein wenig Abenteuergeist hat – es gibt noch unzählige unentdeckte Ecken.
> *MARCO POLO Korrespondent Volker Alsen*
> (siehe S. 127)

Spezielle News, Lesermeinungen und Angebote zu Venezuela:
www.marcopolo.de/venezuela

VENEZUELA

> SYMBOLE

Insider Tipp MARCO POLO INSIDER-TIPPS
Von unserem Autor für Sie entdeckt

★ MARCO POLO HIGHLIGHTS
Alles, was Sie in Venezuela kennen sollten

☀ SCHÖNE AUSSICHT

🔊 WLAN-HOTSPOT

▶▶ HIER TRIFFT SICH DIE SZENE

> PREISKATEGORIEN

HOTELS
€€€ über 80 Euro
€€ 35–80 Euro
€ unter 35 Euro
Preise für ein DZ mit Bad (sofern nicht anders angegeben) und Frühstück bei offiziellem Wechselkurs

RESTAURANTS
€€€ über 25 Euro
€€ 15–25 Euro
€ unter 15 Euro
Preise für ein Menü mit drei Gängen inklusive alkoholfreien Getränken und Bedienung

> KARTEN

[114 A1] Seitenzahlen und Koordinaten für den Reiseatlas Venezuela

[U A1] Koordinaten für die Karte von Caracas im hinteren Umschlag

[0] außerhalb des Kartenausschnitts

Zu Ihrer Orientierung sind auch die Orte mit Koordinaten versehen, die nicht im Reiseatlas eingetragen sind

---

■ **DIE BESTEN MARCO POLO INSIDER-TIPPS** .... **UMSCHLAG**
■ **DIE BESTEN MARCO POLO HIGHLIGHTS** 4
■ **AUFTAKT** 6
■ **SZENE** 12
■ **STICHWORTE** 16
■ **EVENTS, FESTE & MEHR** 22
■ **ESSEN & TRINKEN** 24
■ **EINKAUFEN** 28
■ **CARACAS** 30
■ **ISLA DE MARGARITA** 40
■ **DER NORDOSTEN** 52
■ **DIE WESTEN** 64
■ **DER SÜDEN** 76

INHALT

> SZENE
S. 12–15: Trends, Entdeckungen, Hotspots! Was wann wo in Venezuela los ist, verrät die MARCO POLO Szeneautorin vor Ort

> 24 STUNDEN
S. 92/93: Action pur und einmalige Erlebnisse in 24 Stunden! MARCO POLO hat für Sie einen außergewöhnlichen Tag auf der Isla de Margarita zusammengestellt

> LOW BUDGET
Viel erleben für wenig Geld! Wo Sie zu kleinen Preisen etwas Besonderes genießen und tolle Schnäppchen machen können:

In Caracas zum Kilopreis zulangen S. 37 | Günstig bzw. umsonst auf Boots- oder Angeltour S. 46 | Preiswert übernachten im Hängemattencamp S. 56 | Per Seilbahn und Maultier in die Anden S. 71 | Mit der Fähre ans andere Orinocoufer S. 80

> GUT ZU WISSEN
Was war wann? S. 10 | Spezialitäten S. 26 | Humboldt und Bolivar S. 48 | Blogs & Podcasts S. 61 | Bücher & Filme S. 62 | Umweltsünder Mineros S. 83

AUF DEM TITEL
Die verwunschene Lagune von Mucubají S. 74
Heiße Nächte in Caracas S. 35

- **AUSFLÜGE & TOUREN** **86**
- **24 STUNDEN AUF MARGARITA** **92**
- **SPORT & AKTIVITÄTEN** **94**
- **MIT KINDERN REISEN** **98**

- **PRAKTISCHE HINWEISE** **102**
- **SPRACHFÜHRER SPANISCH** **108**

- **REISEATLAS VENEZUELA** **112**
- **KARTENLEGENDE REISEATLAS** **122**

- **REGISTER** **124**
- **IMPRESSUM** **125**
- **MARCO POLO PROGRAMM** **126**
- **UNSER INSIDER** **127**

- **BLOSS NICHT!** **128**

ENTDECKEN SIE VENEZUELA!

Unsere Top 15 führen Sie an die traumhaftesten Orte und zu den spannendsten Sehenswürdigkeiten

Die Highlights sind in der Karte auf dem hinteren Umschlag eingetragen

 Los Roques
Tauchen und Entspannen in der aufregend schönen Inselwelt vor der Küste von Caracas (Seite 37)

 Laguna de la Restinga
Erst vergnüglicher Naturkundeunterricht auf der Isla de Margarita, und danach lockt ein herrlicher Karibikstrand (Seite 45)

 Parque Nacional Mochima
Von Delphinen umringt im kristallklaren Wasser die intakte Unterwasserwelt bewundern (Seite 55)

 Hacienda Bukare
Auf der Península Paria liegt das Gästehaus mit Kakaomuseum umgeben von Kakaoplantagen (Seite 58)

 Playa Medina
Feiner Sandstrand bei Río Caribe unter den Palmen einer ehemaligen Kokosplantage (Seite 59)

 Cueva del Guácharo
Tropfsteinhöhle der Fettschwalme bei Cumaná: Den Vogel hat Alexander von Humboldt entdeckt (Seite 62)

 Orinocodelta
Im Einbaum unterwegs: eine Erkundungstour mit den Warao-Indianern ab Tucupita (Seite 63)

 Stadtrundgang
Kolonialstil à la Karibik: Spanische und niederländische Elemente sind in der Altstadt von Coro aufs Schönste vereint (Seite 65)

> DIE BESTEN MARCO POLO HIGHLIGHTS

★ Parque Nacional Médanos de Coro
Die Wanderdünen auf der Península Paraguaná verändern ständig ihr Gesicht – der Wind türmt bis zu 25 m hohe Sandberge auf (Seite 68)

★ Hato El Cedral
Bei La Ye kann man den Cowboys bei der Arbeit zusehen und eine erstaunliche Landschaft und Tierwelt kennenlernen (Seite 70)

★ Pico Espejo
Eine sensationelle Seilbahn – die längste und höchste der Welt – verbindet die auf 1600 m Höhe gelegene Provinzhauptstadt Mérida mit dem 4700 m hohen Gipfel des Pico Espejo (Seite 75)

★ Ciudad Bolívar
In der schönen Kolonialstadt schnappen die Einwohner am liebsten am Ufer des Orinoco Luft, der sich hier auf nur 300 m verengt (Seite 78)

★ Parque Nacional Canaima
In der Gran Sabana: magische Tafelberge, Wasserfälle und Flüsse (Seite 83)

★ Salto Angel
1000 m tief stürzt der höchste Wasserfall der Welt bei Canaima hinab. Wer ihn sehen will, braucht Ausdauer und ein bisschen Glück (Seite 84)

★ Von den Anden in die Llanos
Eine der schönsten Strecken Venezuelas verläuft von Mérida nach Barinas (Seite 89)

AUFTAKT

> Wer dieses Land besucht, verliebt sich darin – und das ist nicht auf die schönen Menschen begrenzt. Nicht nur, dass Venezuela mit Superlativen wie dem höchsten Wasserfall der Welt oder der längsten Seilbahn der Welt aufwarten kann – nein, Venezuela hat noch viel mehr zu bieten: eine liebenswerte, bunt gemischte, fröhliche Bevölkerung, die jeden Besuch zu einem Erlebnis macht, eine überwältigende Natur, die jeden Besucher in Bann schlägt, und natürlich das angenehme tropische Klima, das fast rund um die Jahr die Sonne scheinen lässt, ohne dass es dabei zu heiß wird.

> Venezuela vereint auf einer Fläche von nur wenig mehr als 900 000 km² – etwa so viel wie Deutschland und Frankreich zusammen – eine landschaftliche Vielfalt, wie sie sonst in ganzen Kontinenten nicht anzutreffen ist. Und sosehr die Venezolaner ihre Isla de Margarita lieben und sie alljährlich zu Ostern, Weihnachten und an jedem verlängerten Wochenende beehren, so preisen sie als gute Patrioten auch die überwältigenden anderen Landesteile. Alles ist möglich: Traumurlaub unter Kokospalmen an karibischen Gestaden. Hochgebirgstouren durch die bizarre Welt der Anden – der Pico Bolívar erreicht 5007 m! Wildwasserfahrten und Expeditionen auf den Spuren Alexander von Humboldts bis zum Casiquiare, dem Fluss, der sowohl in den Orinoco als auch in den Río Negro mündet. Auf dem Pferderücken mit venezolanischen Cowboys durch die Llanos streifen oder die Gran Sabana mit ihren wolkenverhangenen Tafelbergen besuchen.

In Caracas mit seinen modernen, spiegelglasverkleideten Betontürmen und seiner schnellen Metro pulsiert das gesellschaftliche Leben des Landes. Jeder vierte Venezolaner lebt in der Hauptstadt und fühlt sich als *caraqueño* den Provinzlern haushoch überlegen. Dabei sind die meisten *caraqueños* Zugereiste. Caracas ist eine grelle und schnelllebige Stadt.

> *Die Natur des Landes schlägt Besucher in Bann*

Unter allen Metropolen Lateinamerikas ist sie die modernste, vielleicht auch die lauteste, und sicher ist sie Chicago ähnlicher als Quito. Die Hauptstadt liegt auf 800 m Höhe in einem Windkanal zwischen den Bergen. Nennenswerte Industrie findet sich in der Stadt nicht. Die Luft in

Das andere Venezuela: Trockenes Klima bestimmt die Vegetation in den Hochlagen der Anden

AUFTAKT

diesem „ewigen Frühling", wie Humboldt das Klima von Caracas bezeichnete, könnte also himmlisch sein – wenn Autos und Abgase nicht wären.

In Caracas wird gearbeitet, in den Badeorten das verdiente Geld ausgegeben. Atolle und Riffe, exzellente Tauchsportparadiese, sind der Küste vorgelagert, in Los Roques, den Nationalparks Morrocoy und Mochima. Von Mochima ist es nur ein Katzensprung zur Isla de Margarita. Hier gibt es genügend landschaftliche Schönheiten, die einem den Urlaub jenseits des Liegestuhls versüßen.

Am Fuß der Halbinsel Paraguaná stößt man auf eine der Kolonialperlen Venezuelas: Coro, die älteste Stadt des Landes. Weiter westlich schließt sich das hitzeflimmernde Tiefland um den Maracaibosee an, in dem man Anfang des 20. Jhs. Erdöl fand. Etwa 200 km Luftlinie südlich vom schwülen Maracaibo, in Mérida, wartet die einsame, kühle Welt der Anden, der klaren Gebirgsbäche und der abgelegenen Indiodörfer. Hier ist nichts mehr vom hektischen karibischen Venezuela zu spüren.

Endlose Weiten und ein Himmel ohne Grenzen: Die wahre Seele Venezuelas liegt in den Steppen und Savannen im Südwesten, meinen

> *Traumurlaub unter karibischen Kokospalmen*

viele. Cowboyromantik, Lagerfeuer unterm Sternenzelt. Südlich des Orinoco kommt man nur noch mit dem Einbaum weiter, in die „grüne Hölle" Amazoniens. Die Reise den Orinoco hinauf ist heute kaum weniger abenteuerlich als zu Zeiten Alexander von Humboldts. Und sein Delta ist eine kleine Sensation für sich.

Das aufregendste Abenteuer erwartet Venezuelabesucher südlich des Orinoco im Staat Bolívar. Wie stumme Zeugen der Vergangenheit ragen die Tafelberge aus der Gran Sabana auf, der „Großen Savanne". Sie beherbergen eine einzigartige Tier- und Pflanzenwelt. Die *tepuis,* die indianischen „Häuser der Götter", sind von Wolken gekrönt, und von ihren senkrechten Felswänden rauschen gewaltige Wasserfälle herab – der Salto Angel fast 1000 m tief! Dschungelcamps und Urwaldpfade haben diese Welt für Naturliebhaber erschlossen.

WAS WAR WANN?
Geschichtstabelle

15 000 v. Chr. Spuren erster Besiedlung im Orinocobecken und am Maracaibosee

1498 Kolumbus sichtet die Orinocomündung und damit das südamerikanische Festland

1521–1567 Die wichtigsten Kolonialstädte entstehen: Cumaná, Barquisimeto, Coro und Caracas

17. Jh. Plantagenwirtschaft, bei der Kolonialherren frei über Gesinde und Grund verfügen

1811 Eine Bürgerjunta und ein Nationalkongress erklären die Unabhängigkeit Venezuelas; später bereiten spanische Truppen dem Traum vorerst ein Ende

1819 Simón Bolívar ruft die unabhängige Republik Großkolumbien aus

1821 Nach dem Sieg von Bolívars Truppen ist der Weg zur Unabhängigkeit frei

1835–1877 Bürgerkrieg und Chaos, ausgelöst durch Machtkämpfe der Parteien der feudalen Oberschicht

ab 1920 Erdölfunde unterm Maracaibosee

1959 Mit Präsident Rómulo Betancourt beginnt die bis heute bestehende Präsidialdemokratie

1960 Venezuela gründet mit Ländern des Nahen Ostens das Erdölkartell Opec

1998 Der zum Präsidenten gewählte Putschoffizier Hugo Chávez kündigt radikale politische Reformen an

2005 Besetzungen brachliegender Haciendas und stillgelegter Fabriken

2007 Die Schließung des oppositionellen Fernsehsenders RCTV bringt das Thema der Meinungsfreiheit in Venezuela weltweit in die Schlagzeilen

Venezuela hat im 20. Jh. gewaltige Umwälzungen durchgemacht. Zwischen den Großstädten und dem Land bestehen enorme Unterschiede. Das liegt an dem zu Beginn des vergangenen Jahrhunderts entdeckten Reichtum, dem Erdöl. Seit das Öl in Fontänen zum ersten Mal aus der Erde sprudelte, verließen Bauern Vieh und Pflug, Kaffeeplantagen und Kakaofelder, um vom „schwarzen Gold" zu profitieren. Caracas und Maracaibo verwandelten sich rasch von beschaulichen Provinznestern in moderne Großstädte. Heute leben vier von fünf Venezolanern in Städten; die größten liegen in der Küstenregion. Die Petrodollars haben das Land verdorben, meinen die Kulturkritiker. Die Ölmilliarden haben das Land zum reichsten Südamerikas gemacht, darauf verweisen die Ökonomen. Eines ist gewiss: Seit die goldenen Zeiten des Ölbooms vorbei sind, geht es in den Augen der Venezolaner nur noch bergab.

Venezuela entzieht sich klaren Definitionen, so wie die meisten Venezolaner es auch nicht mögen, sich festzulegen, beim Wort genommen oder gar an Zusagen erinnert zu werden. Die Gelegenheit beim Schopf zu packen ist viel interessanter, als Nibelungentreue zu zeigen. Mit Leichtigkeit ändern die Venezolaner ihre Mei-

> *Indiodörfer und Gebirgsbäche in den Anden*

nung. Bezeichnenderweise bedeutet Musik für sie fast immer zugleich Tanz und nicht etwa Versenkung.

AUFTAKT

Und wer sind die Venezolaner? Unter den rund 22 Mio. Bürgern dominiert die braune Hautfarbe – und die Jugend. Die Hälfte der Bevölkerung ist unter 18 Jahre alt. 70 Prozent aller Venezolaner haben europäische, afrikanische oder indianische Vorfahren; 20 Prozent bezeichnen sich als weiß, acht Prozent als schwarz, und rund fröhlich-lässigen Witz eines Ostküstenbewohners, dem selbstbewussten Spott eines *maracucho* aus Maracaibo oder der stolzen Ernsthaftigkeit der *llaneros* und der Menschen aus Guayana.

Wie facettenreich das Land ist, kann jeder Besucher selbst entdecken. Bei

Imposante Kulisse: die Hauptstadt Caracas vor dem Massiv des Ávila

ein Prozent der Bevölkerung sind Indianer.

Der Alltag in Caracas unterscheidet sich sehr von dem in einem Andendorf, einer Fischerhütte an der Küste oder in einem Dschungelnest am Orinoco. Ein zurückhaltender Bewohner der Anden hat wenig gemein mit dem Urlaubsende wird er sich dann – wie jeder Venezolaner, der auf Auslandsreise geht – die Frage stellen: Wie wird er das alles vermissen, den Orinoco, die Gran Sabana, die Andengipfel, die Tafelberge, das kristallklare Meer bei Los Roques – und nicht zu vergessen: den Rum und die Käsestangen *tequeños!*

▶▶ TREND GUIDE VENEZUELA

Die heißesten Entdeckungen und Hotspots! Unser Szene-Scout zeigt Ihnen, was angesagt ist

Alejandra Huaynalaya
kam von Peru nach Venezuela, um Sprachen zu studieren. In Mérida belegte sie die Fächer Englisch, Französisch und Deutsch und verbrachte dann mehrere Jahre in Chicago, Freiburg und Köln. Während des Studiums arbeitete sie für Reiseagenturen und Hotels, seit 2004 leitet sie gemeinsam mit dem Deutschen Joe Klaiber die *Posada Casa Vieja* in der Sierra Nevada und begleitet Touristen durch die Anden.

▶▶ OUTDOOR-ABENTEUER

Adrenalin im Regenwald und in den Bergen der Gran Sabana

Mit dem motorisierten Kanu über Stromschnellen zum höchsten Wasserfall der Welt, mit dem Gleitschirm über den Regenwald oder mit Rucksack und Machete um die Lagune – die Gran Sabana im Süden des Landes entwickelt sich zum Hotspot für Actionhungrige. Besonders gefragt sind neuerdings Expeditionen auf die zum Teil noch komplett unerforschten *tepuis,* die sich bis zu 3000 m über den Regenwald erheben. Spezialveranstalter wie *Condorverde (www.condorverdetravel.com*, Foto) bieten sogar Helikopterflüge ins Reich

der Riesenspinnen, fleischfressenden Pflanzen und rosa befellten Skorpione an. Wilde Raftingtouren und Trekking auf den Tafelbergen organisiert Uwe Neumann, Gründer von *Bagheera Tours*. Die abenteuerlichen Expeditionen in der Gran Sabana sind anspruchsvoll und nur für Schwindelfreie geeignet: Übernachtet wird in 2800 m Höhe, wenige Schritte vom Abgrund enfernt *(http://earthdiscover.com)*.

SZENE

▶▶ LA MODA

Exzentrische Opulenz

Die Kreationen der einheimischen Designer erobern die Laufstege der Welt. *Mayela* hat bereits den Fashion-Olymp erreicht und verkauft in New York. Die figurbetonten Kollektionen aus Chiffon mit viel Liebe zum Detail, Rüschen und Bordüren sind heiß begehrt. Bekannt wurde sie durch die *Miss Venezuela Shows* – sie designte die Kleider der Kandidatinnen. Zu kaufen gibt's die angesagten Teile z. B. in Caracas (*Centro Comercial California Mall, Calle California, Local PB 10–11, Las Mercedes, www.mayela.com.ve*). Opulente Roben aus Brokat und Rohseide entwerfen *Durant & Diego*. Die Mode des angesagten Designerduos gibt's im *Centro Comercial San Ignacio* (*Av. Blandín, Nivel Chaguaramos, Caracas, www.durantdiego.com*, Foto).

▶▶ KOSTBARER KAKAO

Venezuelas Schokoladenseiten

Mittlerweile haben auch die Europäer die Kultur der Kakaobohne entdeckt. Ein Trend, der aus Venezuela stammen könnte. Die Besitzer der Plantage *Cacao San José* haben sich auf die komplizierte Rückzüchtung alter, rarer und hocharomatischer Sorten wie *Criollo* oder *Trinitario* spezialisiert. So entstehen süße Delikatessen aus reinem Kakao wie die Domori-Schokolade *Hacienda San José* von Gianluca Franzoni (*Av. Los Chaguaramos, Río de El Pilar, Municipio Benítez, www.cacaosanjose.com*). Neben Bohnen schießen auch neue Angebote aus dem Boden: Auf der *Hacienda Bukare* werden nicht nur Kakaoprodukte, sondern auch Plantagentouren angeboten (*Península de Paria, bei Chacaracual, www.bukare.com*).

▶▶ BALLFIEBER

Venezuela ist verrückt nach Fußball

Im baseballvernarrten Venezuela spielte Fußball bislang nur eine untergeordnete Rolle. Doch die *Copa América 2007*, das südamerikanische Pendant zur Europameisterschaft, bescherte dem Land neue Stadien wie das *Estadio Monumental* in Maturín *(www.monagassportclub.com)* und eine ungeahnte Begeisterungswelle. Hier weiß jeder, wer gerade spielt und was die Stärken und Schwächen der Teams sind. Infos und Termine gibt's unter *www.federacionvenezolanadefutbol.org.*

▶▶ STREET-ART

Trend-Trio: Graffiti, Hip-Hop und Rap

In Caracas sprayt der Hase! So nennt sich Venezuelas bekanntester Sprayer, der immer mehr Nachwuchskünstler zum Sprayen animiert. Die junge Graffitiszene wächst und mit ihr die Hip-Hop-Gemeinde. Auch hier gibt Hase den Ton an: Als *DJ Castor* erarbeitete er sich eine riesige Fanbase. Die Platte *Real y Medio* besitzt Kultstatus und ist wegweisend in Sachen Rap aus Venezuela. Die neuesten Beats finden sich im Internet unter *www.culturahiphopera.net* oder *www.delascalles.com.* Aktuelle Termine für die *Batalla de Los Gallos*, ein Hip-Hop-Event in Caracas, wo sich die Besten des Landes im Freestylerap messen, werden unter *www.redbullbatalladelosgallos.com* veröffentlicht.

▶▶ KONZEPTCLUBS

Caracas: Elektroklänge auf der Designercouch

Hugo Chávez' sozialistische Doktrin hat in den modernen Ausgehschuppen der Hauptstadt Hausverbot. Oberstes Gebot der In-Lokale: ausgefallene Konzepte. Die *Malabar* ist Restaurant, Bar, Boutique, Konditorei und Nachtclub in einem *(Av. Orinoco, www.malabar.com.ve)*. Ebenso angesagt ist die *Living Room Lounge*. Hier chillt die Szene auf orangen Sofas und amüsiert sich bei Clubsounds einheimischer DJs *(Centro Comercial San Ignacio)*. In der *Sukabar* trifft hipper Elektropop auf schickes Orientambiente. Spezialität des Hauses sind Mojitokreationen wie Apfel- und Himbeermojito *(Nivel Blandín, Local B 27-2, www.sukabar.com)*.

>> SZENE

▶▶ MODERNE ZEITEN

Neue Bühnen für die jungen Wilden

Kunstfreunde aufgepasst! Die jungen Künstler finden durch extravagante Vernissagen in Caracas immer mehr Förderer. Eine der wichtigsten Kreativen der Szene ist Ninoska Huerta. Sie zählt zu den besten Kuratorinnen des Landes und fördert in ihrer Galerie in Caracas die jungen Wilden der Szene wie den lateinamerikanischen Konstruktivisten Carlos Anzola *(Tel. 0212/977 34 60, www.ninoskahuertagallery.com)*. Zu Ihnen gehört auch Alberto Cavalieri, der mit abstrakten Skulpturen aus Stahl, Beton und Holz Plätze und Parks zu einer Bühne für seine Kunst macht *(www.albertocavalieri.com, Foto)*. Seine Werke, wie die überdimensionalen, geflochtenen und ineinandergeschlungenen Stahlkonstruktionen, gibt es auch in der Onlinegalerie www.gbgarts.com von Gabriela Benaim Ginnari zu sehen. Kunstliebhaber finden hier Newcomer der venezolanischen Kunstszene.

▶▶ ÖKO-EXPEDITIONEN

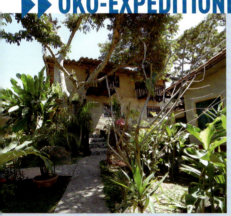

Mit den Locals durch die Wälder

Kultur und Einheimische kennenlernen, bei ihrer Landarbeit mitmachen, auf ökologisches und soziales Fairplay setzen: Ökotourismus ist im Trend. Die Besitzer der *Posada El Limón* haben das erkannt und bieten neben Übernachtungen auf einer alten Mangoplantage auch geführte Exkursionen durch den Henri-Pittier-Nationalpark an, der bekannt ist für seine vielen Reptilien und bunten Schmetterlinge *(Calle El Piñal 64, El Limón, Maracay, www.posadaellimon.com)*. Mitten im Sierra-Nevada-Nationalpark liegt die *Casa Vieja*. Von hier aus können Hobbyornithologen ihre Expeditionen starten. Die einheimischen Guides kennen die besten Plätze zur Beobachtung exotischer Vögel *(Posada Casa Vieja, Transandina, Tabay, www.casa-vieja-merida.com, Foto)*.

> VON COWBOYS UND CONQUISTA
Notizen zur Politik und zum Alltag, zu Karneval, Kakao und Korruption

BARRIO
Wörtlich bedeutet *barrio* „Stadtviertel". Mit *barrios marginales* sind die Armenviertel gemeint, die Slums, die sich wie ein Ring um jede größere Stadt in Venezuela gelegt haben. Selbst die Polizei hütet sich, bei Nacht in diese Viertel vorzudringen. Die *barrios marginales* sind nicht zuletzt Ausdruck der Tatsache, dass selbst im „reichen" Venezuela die Güter der Nation sehr ungleich verteilt sind.

BOLAS CRIOLLAS
Bolas criollas ist die venezolanische Variante des französischen Boule. In Venezuela spielt es jeder, Jung und Alt, Frauen und Männer, und wer gut situiert ist und über einen großen Garten verfügt, hat mitunter sogar eine eigene Bahn.

> www.marcopolo.de/venezuela

STICH WORTE

CAUDILLOS

Als *caudillos* werden autoritäre, oft militärische Machthaber bezeichnet, die auf Grund ihrer Anhängerschaft und manchmal auch ihrer Popularität über ein Land herrschen, als sei es ihr persönlicher Großgrundbesitz: eine typisch lateinamerikanische Herrschaftsform, die mit dem modernen Verfassungsstaat kollidiert. Ein typischer *caudillo* – natürlich nur in den Augen seiner Kritiker – ist Venezuelas Staatschef Hugo Chávez.

CONQUISTA

Unter *conquista* versteht man die Eroberung der Neuen Welt durch die damaligen Großmächte Spanien und Portugal samt ihren entsetzlichen Folgen. Die indianischen Hochkulturen wurden von einer kleinen, goldgierigen Meute von Eroberern, den

Konquistadoren, zerstört. Hunger, Krankheiten und Kriege rafften rund zwei Drittel der Urbevölkerung dahin.

COWBOYS

Wie sich ein Mythos um den Wilden Westen rankt, so umgibt auch einer die *llaneros,* ihren Machismo, ihren unbändigen Freiheitsdrang. In ihren Adern fließt das Blut spanischer Granden, geflohener Sklaven und wilder Indianer. Mit den Reiterhorden der *llaneros* konnte Simón Bolívar 1821 bei Carabobo die Spanier besiegen.

ERDÖL

Erdöl – Segen und Fluch Venezuelas. Die Indios verwendeten den schwarzen Ölteer zum Abdichten ihrer Kanus. Erste industrielle Bohrungen erfolgten 1904. Mit dem Aufkommen der Autoindustrie schwoll der Durst nach dem „schwarzen Gold". In La Rosa, östlich des Maracaibosees, sprudelte 1922 die erste große Quelle. Für ein Linsengericht verkaufte Diktator Juan Vicente Gómez in den 1920er-Jahren die Öllizenzen an die Amerikaner. Im Zweiten Weltkrieg wurde Venezuela zum zweitgrößten Erdölexporteur, das Öl wurde zum Schmiermittel von Politik und Wirtschaft. Die *bonanza,* der schnelle Wohlstand, und eine wachsende Schicht von Neureichen kamen mit den Petrodollars. 1976 wurde die Erdölindustrie verstaatlicht. Bis heute ist Venezuelas Wirtschaft vom Öl abhängig.

FASTEN

Bei den Katholiken kommt zwischen Karneval und Ostern kein Fleisch auf den Tisch. Fisch jedoch ist erlaubt. Vielen Venezolanern wurde diese alljährliche Diät langweilig. Deshalb

Pfahlbauten der Warao-Indianer: Viele der venezolanischen Indios leben im Orinocodelta

STICHWORTE

erklärten sie kurzerhand Schildkröten *(morrocoy)* und Wasserschweine *(capibara)* zu Fischarten, und schon war der Speiseplan um ein paar Varianten reicher. Der Ehrgeiz der Hausfrauen wurde durch das ungewöhnliche Rohmaterial angespornt. Besonders gut soll ein Ragout aus *capibara* mit Zwiebeln, Knoblauch und rotem Pfeffer munden. Die Bestände der friedlich in den Llanos lebenden Riesennager haben sich dadurch arg dezimiert, sodass der „Fisch mit Fell" mittlerweile aus Kolumbien und Brasilien importiert werden muss. Schildkröten, die zum Auflauf *pastel de morrocoy* verarbeitet wurden, stehen auf der Liste der vom Aussterben bedrohten Arten und dürfen nicht mehr gejagt werden. Wasserschweinfilets allerdings finden in der Fastenzeit auf dem Quinta-Crespo-Markt in Caracas reißenden Absatz.

GEWALT

Die zunehmende Gewalt *(violencia)* ist ein großes Problem in den Metropolen, besonders in Caracas. Es kann vorkommen, dass in den *ranchos*, den Elendsvierteln von Caracas, bis zu 100 Personen an einem Wochenende sterben – meist handelt es sich um Bandenkriege. Viele Übergriffe haben ihre Ursache in dem krassen Missverhältnis zwischen Arm und Reich, das auch die sozialistische Regierung unter Hugo Chávez nicht mildern konnte. Manche Stadtgebiete in Caracas sollte man meiden, bestimmte Regionen ohne Wertgegenstände oder Handtasche besuchen, um Diebstählen vorzubeugen – z.B. den Paseo Orinoco in Ciudad Bolívar oder den Bulevar Sabana Grande in Caracas.

HATOS

Der *hato* ist die typische großflächige Viehfarm in den Llanos. Als eines der wenigen Länder Südamerikas hat Venezuela durch eine Agrarreform 1960 den traditionellen Großgrundbesitz – ein Überbleibsel der kolonialen Sklavenwirtschaft – aufgebrochen und so eine Teilmodernisierung der Landwirtschaft erreicht.

INDIOS

Die indianische Urbevölkerung zählt kaum mehr als 150 000 Menschen. Zwei Drittel der *indígenas* leben in den traditionellen Stammesgebieten im Regenwald, in der Gran Sabana, auf der Halbinsel Guajira und im Orinocodelta. Nicht wenige Stämme – unter ihnen die archaischen Yanomami im Grenzgebiet zu Brasilien – sind durch das Vordringen von Goldsuchern und Siedlern in ihrer Existenz bedroht.

KAKAO

Viele Genüsse untersagt die Kirche, so im 17. Jh. den Verzehr von Kakao. Doch das indianische Getränk wurde in Europa zunehmend beliebter, und zwar so sehr, dass auf dem Weltmarkt mit Schokolade Beträchtliches zu verdienen war. Besonders begehrt war der wunderbare Kakao aus Venezuela, den man Caracas nannte. Auch heute noch setzt er Maßstäbe, wie sich auf Plantagen in Paria und Santa Clara de Choroní überprüfen lässt.

KARNEVAL

Auch in Venezuela wird der Karneval gefeiert, allerdings nicht so heiß wie in Brasilien oder Trinidad. Gemeinsam sind die europäisch-afrikanischen Wurzeln des Karnevals: die höfischen Maskenbälle auf der einen, die Sklavenfeste auf der anderen Seite. Die Vitalität der afrikanischen Linie setzte sich mit den Rhythmen und den bunten Phantasien durch. Karneval ist hier die Verherrlichung der Lebensfreude – ungestüm und sinnlich.

KORRUPTION

Viele Politiker Venezuelas predigen öffentlich Wasser, trinken aber heimlich Wein. Petrodollars und Steuern versickern in den Taschen von korrupten Beamten, Richtern, Generälen und Politikern. Die Kleinen fängt man, die Großen lässt man laufen, mit diesem Gefühl der Ohnmacht mussten Millionen von Venezolanern über Jahrzehnte leben. Doch je dichter der Filz, desto stabiler ist er. Unter Präsident Chávez, so seine Kritiker, sei es schlimmer als je zuvor.

MARÍA-LIONZA-KULT

Als katholisch bezeichnen sich 93 Prozent aller Venezolaner, doch in ihrem Glauben ist nicht nur Platz für die heiß verehrten Jungfrauen von Coromoto, Maracaibo oder der Isla de Margarita. Auch der María Lionza, einer schönen indianischen Prinzessin und wilden Naturgottheit, die auf einem Tapir reitet und im Triumvirat mit einem Schwarzen und einem Indianer regiert, wird auf Wallfahrten, mit Ritualen und Zeremonien gehuldigt.

MEDIEN

Das Fernsehen ist in Venezuela ein einflussreiches Medium, weil es jeder Analphabet versteht. Besonders beliebt sind die unendlichen Fortsetzungsserien, die *telenovelas*. An zweiter Stelle stehen Musiksendungen und Konzerte populärer Bands. Tageszeitungen erreichen oft nur die oberen Zehntausend. Das Herz der Zeitung ist wie überall in Lateinamerika die Klatschkolumne. Hier kann sich die Eitelkeit der Elite nach Lust und Laune austoben, wenn sie dafür zahlt, dass Reporter über ihre Geburtstagsfeiern und Bälle berichten. Fürs Volk gedacht ist der Chávez-treue „Correo del Pueblo".

MILITÄR

Seit den Befreiungskriegen spielt das Militär in allen südamerikanischen Staaten eine wichtige Rolle. Die Militärs empfinden sich als Gralshüter der Nation. Immer wieder haben sie sich offen in die Politik eingemischt. Selbst im demokratischen Venezuela lässt sich gegen die Militärs politisch nichts bewegen. Seit 1999 wird Venezuela von dem – demokratisch gewählten – Militär Hugo Chávez regiert.

NATIONALPARKS

Wachsendes ökologisches Bewusstsein und das Bedürfnis nach Erho-

> *www.marcopolo.de/venezuela*

STICHWORTE

lung haben dazu geführt, dass der Naturschutz als staatliche Aufgabe akzeptiert wurde. Mehr als 15 Prozent der Landesfläche Venezuelas sind heute als Nationalparks, Naturdenkmäler oder ökologisch geschützte Areale ausgewiesen. Der erste Nationalpark wurde 1937 eingerichtet und nach dem Schweizer Henri Pit-

PLAZA

Die *plaza* ist der Mittelpunkt jeder Stadt in Venezuela, besonders dann, wenn deren Gründung auf die koloniale Besiedlung zurückgeht – und fast ausnahmslos heißen sie Plaza Bolívar. Die *plaza* ist der urbane Salon; hier trifft man sich zu Plausch und Handel.

Mangrove im Nationalpark Morrocoy: Ein Sechstel der Landesfläche steht unter Naturschutz

tier benannt, der schon damals auf die Erhaltung der tropischen Wälder gedrungen hatte. Das Instituto Nacional de Parques Nacionales, kurz Inparques, verwaltet die mittlerweile mehr als 40 venezolanischen Nationalparks, von denen der Parque Nacional Parima-Tapirapecó (Amazonas) und der Parque Nacional Canaima (Bolívar) mit jeweils über 30 000 km^2 die größten sind.

RASSISMUS

In Venezuela herrscht ein offener oder versteckter Rassismus, der von der kleinen, blasierten Oberschicht ausgeht, die stolz auf ihre europäische Herkunft ist. Je heller die Hautfarbe, desto höher der soziale Status. Auf dem Land ist diese Regel weniger ausgeprägt – schließlich arbeiten alle unter der Sonne.

WENN DIE TEUFEL TANZEN

Besinnlichkeit ist nichts für Venezolaner, auch Weihnachten wird ausgelassen gefeiert

> Der Katholizismus hat in Venezuela viele fröhliche Facetten. Kein Würdentag, der nicht Anlass böte zu tanzen, zu trinken und sich zu vergnügen. Weihnachten feiert man in Maracaibo mit *gaitas,* sehr munterer Festmusik, der Salsa nicht unähnlich. Ostern fährt man an die Strände, zu Fronleichnam treiben sich gar tanzende Teufel, *diablos danzantes,* herum. Der Virgen de Coromoto von Guanare, der Chiquinquirá von Maracaibo und der Seefahrer-Maria Virgen del Valle von der Isla de Margarita gedenkt man nicht nur mit den üblichen Prozessionen, sondern auch mit Merenguefesten.

GESETZLICHE FEIERTAGE

1. Jan. *Año Nuevo;* **6. Jan.** *Reyes Magos;* **Karnevalsmontag und -dienstag** *Carnaval;* **Gründonnerstag und Karfreitag** *Jueves Santo und Viernes Santo;* **19. April** *Día de la Independencia (Unabhängigkeitstag);* **1. Mai** *Día del Obrero;* **Anfang Mai** *Cruz de Mayo (Fest des Maikreuzes);* **Fronleichnam** *Corpus Cristi;* **24. Juni** *Aniversario de la Batalla de Carabobo (Jahrestag der Schlacht von Carabobo);* **5. Juli** *Firma del Acta de la Independencia (Jahrestag der Unabhängigkeitserklärung);* **24. Juli** *Natalicio del Libertador (Geburtstag Simón Bolívars);* **12. Okt.** *Día de la Raza (Kolumbustag);* **1. Nov.** *Día de los Muertos;* **25. Dez.** *Navidad;* **28. Dez.** *Día de los Inocentes (Fest der Unschuldigen Kinder)*

FESTE

1./2. Jan.
Paradura del Niño: „Raub des Jesuskindes", ein alter Brauch in den Anden. Eine Figur des kleinen Jesus wird versteckt, wo sie auftaucht, werden die Finder bewirtet. Musik, Prozessionen.

Februar
Rodeo in San Fernando de Apure mit Lassowerfen, Reiterspielen und einem Schönheitswettbewerb.

Februar/März
⭐ *Carnaval:* Wer in Caracas bleibt, bekommt höchstens einen wassergefüllten

> EVENTS
FESTE & MEHR

Ballon an den Kopf. Überschwänglich geht es in Carúpano zu; dort veranstalten auch die Homosexuellen ihre farbenprächtigen Umzüge. Wild und schön ist der „schwarze" Calypso-Karneval in El Callao.

März/April
Osterprozessionen: Die Karwoche, die *Semana Santa,* ist der Höhepunkt des Festkalenders. Die schönsten Prozessionen werden in den Andendörfern und in Mérida veranstaltet. Dort pflegt man auch die Tradition der Passionsspiele, z. B. in Altamira de Cáceres. Oft spielt das halbe Dorf mit. Sehr stimmungsvoll.

Mai
Cruz de Mayo: Am 2. Mai wurde das Kreuz Christi gefunden – daran erinnern die Prozessionen in Cumaná.

Mai/Juni
Corpus Cristi (Fronleichnam): der Tag der *diablos danzantes* in den Straßen von San Francisco de Yare. Aufwendiges Spektakel, das viele Besucher anlockt.

[Insider Tipp]

24./25. Juni
Fiesta de San Juan: Johannes der Täufer wurde von der schwarzen Bevölkerung Venezuelas zu ihrem Schutzpatron auserkoren, und ihn feiern sie auf ihre Art: mit nächtelangen, die Sinne betäubenden Trommelfesten. Bekannt dafür sind die Ortschaften im Barlovento wie San José de Río Chico und Curiepe, aber auch Santa Clara de Choroní.

[Insider Tipp]

8. Sept.
Fiesta de la Virgen de Coromoto in Guanare: Prozessionen für die Nationalheilige.

8. Dez.
Día de la Virgen Inmaculada in La Mucuruba in den Anden: Ganze Ortschaften knipsen das elektrische Licht aus und tauchen die Häuser in Kerzenschein.

24./25. Dez.
Parranda de San Benito: afrikanische Weihnacht in Coro mit Trommelprozessionen und Tänzen.

> AREPAS, PARRILLAS, BIENMESABE

Venezuelas Küche vereint Tradition mit internationaler Vielfalt

> Zwischen „köstlich", „exzentrisch" und „schwer verdaulich" schwankt das Urteil über Venezuelas Küche. Sie ist in der Tat eine kunterbunte Mischung aus den kreolischen Gerichten der comida criolla – was Sarkastiker als „Sklavenfraß" übersetzen –, US-amerikanischem Fastfood, das hier mehr als andernorts in Südamerika eingeschlagen hat, der deftig-ehrlichen Bauernküche der Anden und der Llanos sowie den schmackhaften Fischgerichten der Küste.

Auf ein Grundnahrungsmittel aber verzichtet kein Venezolaner: auf die faustgroßen arepas aus Maismehl. Diese Kreuzung zwischen Brötchen und Teigtasche ist die Sättigungsbeilage schlechthin. Es gibt sie morgens, mittags, abends, gefüllt mit Huhn, Thunfisch, Schinken, Rührei, Tomaten, Zwiebeln oder als Brotersatz mit dem Sahnekäse nata.

Wen der Rinderwahnsinn davon abhält, in Europa Fleisch zu bestel-

> www.marcopolo.de/venezuela

ESSEN & TRINKEN

len, dem hüpft hier das Herz höher. Ein Rind aus den Llanos hat 3–4 ha Naturweide für sich ganz allein. Die *parrillas* sind reichhaltig bestückte Grillplatten mit saftigen Filetsteaks, Schweinerippchen, Hühnerteilen, hausgemachter Blutwurst *(morcilla)* und Bratwurst *(chorizo)*.

Die Regionalküche hält für Freunde des genüsslichen Ausprobierens einiges an Überraschungen bereit. Die Forellen aus den Anden sind normalerweise klein und mit Knoblauch und Olivenöl mariniert – mal ein ganz anderes Forellenerlebnis. In Mérida rühmt man die Hausfrauen für ihr Fruchtgelee, die in Maisblättern gewickelten *abrantillados*. Das Gelee – und das haben sie mit den Hausfrauen in Coro und ihrem köstlichen Ziegenmilchkaramell *dulce de leche* gemein – kauft man am besten bei ihnen persönlich. Schilder weisen den Weg.

Insider Tipp

Ziege *(chivo)* verspeist man auch gerne in Barquisimeto, zum Beispiel in Kokosmilch gegart. Dort liegt das Paradies des *carne en vara*, auf senkrechten Spießen gegrillten Rindfleischs. Italiener sind beim Essen bekanntlich Nationalisten, doch der Büffelmozzarella *queso de bufala* aus den Llanos lässt sogar sie in helle Begeisterung ausbrechen.

Und erst die Früchte! Die tropischen Gärten liefern sie in Hülle und Fülle: Limonen, Zitronen, Orangen, Ananas *(piña)*, Bananen *(plátanos, cambures* und zwölf Dutzend andere Arten), ferner Passionsfrucht *(par-*

> SPEZIALITÄTEN
Genießen Sie die typisch venezolanische Küche!

arepas andinas – die *arepas* aus den Anden sind aus Weizenmehl. Zum Frühstück und als Beilage

caraotas negras – schwarze Bohnen. Kenner dünsten sie mit Knoblauch, Paprikastreifen, Minze

carite – Fisch mit knackigem, festem weißem Fleisch

casabe – wagenradgroßer, luftgetrockneter Fladen aus Maniok. Die *caraqueños* lieben sie als Chips mit Kräutern zum Aperitif

chorizo de Carúpano – scharf gewürzte Bratwurst aus Carúpano

empanadas – frittierte Teigtäschchen, köstlich mit Babyhai, *cazón*

golfeados – süßes, in Puderzucker gewälztes Gebäck

hallacas – in Bananenblätter gewickelte Weihnachtspasteten aus Maisteig mit Fleisch, Rosinen, Oliven, Eiern, Knoblauch, Limone

langostas – Langusten, fangfrisch und nicht teuer

marrón – kräftiger Espresso mit aufgeschäumter Milch

pabelón – Zuckerrohrsaft mit viel Limone, sehr erfrischend

pabellón criollo – Nationalgericht: rot das Fleisch, gelb die Bananen, blau die (schwarzen) Bohnen und weiß der Reis

parguito – Meerbrasse, knusprig gegart aus dem Backofen

pisca – Das Lieblingsfrühstück der Andenbauern: cremige Milchsuppe mit Kräutern

Polar – die bekannteste und beste Biermarke

punta trasera – herzhaftes gegrilltes Rindfleisch

sancocho – Eintopf aus Huhn und Rind, an der Küste auch Fisch, und Knollengewächsen

tajadas – gebratene Bananenscheiben, köstlich als Beilage zu Fisch (Foto)

telita – seidiger Frischkäse, am besten aus Upata (Gran Sabana)

vieras – Jakobsmuscheln, mit Knoblauch gebraten

ESSEN & TRINKEN

Strandlokale wie hier in Juangriego gibt es in jedem Badeort

chita), Wassermelone (patilla), Zuckerapfel (chirimoya) und die cremig-süße *guanabara*. Alle diese köstlichen Vitaminspender werden auch als Saft *(jugo)* gereicht. Die Papaya *(lechosa)* wird gern für Obstsalate und Fruchtsäfte verwendet. Und die Passionsfrucht, auch als Maracuja bekannt, gehört zu den Vitamin-C-Bomben. Tropische Früchte haben den Nachteil, schnell zu verfaulen. Die Banane macht da eine Ausnahme: Solange man sie in der Schale lässt, ist sie für Reisende ein idealer Proviant, der an jeder Ecke zu kaufen ist.

Venezolaner versüßen ihr Leben gern mit Zucker – schließlich haben sie reichlich davon. Als Nachtisch kommt deshalb oft *natilla* in Frage, eine sahnige Eiercreme, ein *quesillo*-Pudding oder eine Art Tiramisu, das hier *bienmesabe* (Schmeckt mir gut) heißt. Dazu reichlich Kaffee, immer frisch gebrüht.

Als Longdrink hat sich das leichte, helle Bier durchgesetzt. Es wird bis unter den Gefrierpunkt gekühlt serviert, denn Hauptstädter weisen Flaschen, die keine Eiszapfen zieren, als ungenießbar zurück. Weiterhin die Nummer eins ist allerdings Cuba libre, mit braunem Rum zubereitet.

In Caracas können Besucher zwischen mehr als 600 Restaurants und 2000 Kneipen, Snackbars und Imbisslokalen wählen. Auf dem Land bleiben oft nur Letztere. *Arepa*-Stände gibt es überall. *Criollo*-Restaurants sind zumeist einfache Kantinen, *areperas* die Buden mit den Maistaschen. In den *tascas* finden Hungrige schon eher eine ansprechende Auswahl an kleinen Vor- und Zwischengerichten. Bei *restaurantes* kann es sich um recht einfache Speiselokale handeln, während *cafés* keineswegs nur Cafés sein müssen, sondern Snacks, Salate und Drinks anbieten. Abends verwandeln sich ganz normale Restaurants nicht selten in Abendlokale mit Tanzorchester, Conférencier und beliebter Bingotombola.

Im Übrigen können Gäste in der Hauptstadt neben den einheimischen so ziemlich alle Speisen dieser Welt probieren. Die spanische Küche aber wird – wie in ganz Venezuela – besonders hochgehalten. Die besten Restaurants in Caracas (viele von ihnen im Viertel La Candelaria auf halbem Weg zwischen Zentrum und Parque Central) sind die mit galicischer, andalusischer und katalanischer Küche.

NICHT NUR GOLD UND DIAMANTEN

Shopping am Strand oder Stöbern auf Indianermärkten: Schmuck, Rum und Kakao

› Gemütlich beschauliche Gässchen entlangspazieren und sich dort nach Souvenirs umschauen? Das ist zumindest in Caracas Fehlanzeige. Wer gern nach Mitbringseln stöbert, schlendert in der Hauptstadt sonntags von der Metrostation Bellas Artes zum Parque Los Caobos. Dort drängen sich Kunstgewerbler, Wahrsagerinnen und Amateurbäckerinnen. Wer es bequem mag, kauft am Strand, etwa auf Margarita: (Falsche) Perlenketten, Bikinis und Pareos bringen Händler direkt an den Liegestuhl.

DIAMANTEN UND GOLD

Eine aufregende Erfahrung ist es, Diamanten direkt beim Händler in Paragua einzukaufen, einem rauen, heißen Kaff im unwegsamen Süden so recht nach dem Geschmack der *mineros*. In Ciudad Bolívar kann man sich auf dem Paseo Orinoco nach Goldschmuck umsehen. Originelle Goldnuggets bietet Helga Pfeiffer in ihrem Laden *Curiosidades Helga* in Playa El Agua im Nordosten der Isla de Margarita an.

HÄNGEMATTEN

Kolumbus brauchte eine Woche, um herauszufinden, wozu die Indianer die geknüpften „Knäuel Baumwolle, eine Art Wollnetze" gebrauchten. Aber dann stellte er fest: „Darin zu schlafen ist sehr erholsam, und außerdem ist es niemals kalt." Gewebt oder geknüpft, einfarbig oder bunt gestreift, ist die Hängematte Südamerikas Bett. Die Hängematte ist eine Wiege, ein Zelt, ein Haus, das man zusammenfalten kann, nicht größer als ein paar Windeln. Nur das Balancieren will gelernt sein. Für die, die gerne flach liegen, empfiehlt sich die „Diagonale" oder gar die „Spange" quer zur Mattenachse. Die „Banane", Körperachse gleich Mittelachse, macht einen krummen Rücken, entlastet aber die Beine. Zum Sitzen einfach die Beine herausbaumeln lassen.

KULINARISCHES

Nach wie vor ein Geheimtipp ist der **venezolanische Rum.** Hervorragend sind Santa Teresa und Ron Añejo Pampero, erhältlich in jedem Supermarkt. Auch

> EINKAUFEN

Kaffee und Schokolade aus Venezuela haben Spitzenqualität. Besonders der Kakao hat sich zum Renner entwickelt; belgische und italienische Chocolatiers kaufen ihn in großen Mengen auf.

KUNSTHANDWERK

Attraktiv zum Bummeln und Einkaufen ist das niedlich-koloniale El Hatillo, nur 30 Autominuten von Caracas' Stadtzentrum entfernt; die größte Auswahl an Kunsthandwerk in dem Dörfchen bietet der Laden *Hansi* mit angeschlossenem Restaurant. Volkstümlich geht es auch um die alte Plaza Bolívar in Porlamar auf Margarita zu. Die Karibikinsel ist u. a. bekannt für ihre Keramik. Schön und besuchenswert sind – ebenfalls auf Margarita – auch das Kunstgewerbedörfchen La Fronda sowie am Oberlauf des Orinoco der originelle Indianermarkt in Puerto Ayacucho. Wer Sinn für Kunstgewerbe hat, wird sich über die traditionelle Volkskunst freuen, die man in verschiedenen Andendörfern erstehen kann. Doch aufgepasst – da schmuggelt sich bisweilen auch mal „made in Taiwan" drunter!

PERLEN

Eigentlich waren die spanischen Konquistadoren auf der Suche nach Gold, doch als sie das nicht fanden, gaben sie sich mit Perlen zufrieden. Üppige Muschelbänke befanden sich vor der Isla de Margarita. Sie zwangen die versklavten Indianer, nach den Muscheln zu tauchen. Als die Bänke geplündert waren, zogen die Spanier ab. Heute findet man normalerweise nur noch kleine Perlen. Bei den schillernden Strängen, die Juweliere auf Margarita auf dunklen Samttabletts ausbreiten, handelt es sich meist um preiswerte Massenzuchtware aus Taiwan.

SHOPPINGMALLS

Die Konsumtempel der Venezolaner sind die *galerías* genannten Shoppingmalls wie *Sambil*, *San Ignacio* und *Tolón* in Caracas. Die Eröffnung einer *Sambil*-Niederlassung auf der Isla de Margarita hatte regelrechten Kultcharakter.

> MOLOCH MIT CHARME

In der modernen, pulsierenden Metropole wohnen mehr als ein Viertel der Venezolaner

 KARTE IN DER HINTEREN UMSCHLAGKLAPPE

> Caracas [115 F2] – Betonung auf der zweiten Silbe! –, ein Name mit Rhythmus, mit schnellem Rhythmus. Die 6-Mio.-Metropole Venezuelas möchte vergessen machen, dass sie noch zu Alexander von Humboldts Zeiten ein idyllisches Dorf gewesen ist mit „acht Kirchen, fünf Klöstern und einem Theater".

Caracas liegt in einer Erdbebenzone, auf rund 800 m Höhe in einem lang gestreckten Tal der Küstenkordillere. Der Konquistador Diego de Losada hatte Mitte des 16. Jhs. die Stadt gegründet, aber erst Mitte des 18. Jhs. begann ihr langsamer Aufschwung mit den Kakao- und Kaffeekulturen im Hinterland. Die Spanier hatten jene Kolonie, aus der das heutige Venezuela hervorging, lange Zeit sehr vernachlässigt.

Die *caraqueños* setzen diese unselige Tradition bis heute fort: Abgese-

Bild: Skyline von Caracas

CARACAS

hen von der blitzsauberen U-Bahn (vier Linien, 59 km, 46 Stationen) gibt es kaum eine Ecke in der Hauptstadt, in der kein Zivilisationsmüll Auge und Nase beleidigt. Die Skyline von Caracas wirkt von weitem imposant. Aus der Nähe betrachtet enttäuscht sie jedoch.

Das unvermittelte Miteinander von bisweilen übertrieben und gewollt wirkender, weithin vernachlässigter Moderne und Postmoderne einerseits und sorgsam gepflegter kolonialer und neoklassizistischer Bausubstanz andererseits macht zugleich den Charme wie auch den Schrecken der Stadt aus. Der alte Stadtkern, von vielen Erdbeben gebeutelt, ist übersichtlich und klein. Überall begegnet man dem größten Sohn der Stadt, dem Befreier der späteren Staaten Venezuela, Peru und Ecuador sowie Gründer des nach ihm benannten Bolivien: Simón Bolívar.

Die Bürger sehen ihre Hauptstadt meist mit sehr kritischem Blick und verhehlen ihre Besorgnis auch Fremden gegenüber nicht. Es gibt kaum jemanden, der Touristen nicht vor den Gefahren des Molochs warnt. Vom Flanieren nach Einbruch der Dunkelheit im alten Stadtzentrum und abseits der bevölkerten *avenidas* wird dringend abgeraten.

■ SEHENSWERTES

CASA ANAUCO/
MUSEO DE ARTE COLONIAL [U E2]
Eine alte Kakaohacienda im Dornröschenschlaf: Jedes Detail ist so, wie es im 17./18. Jh. war. Eines der schönsten Museen des Landes. **Sonntags um 11 Uhr Kammerkonzerte.** *Mo–Fr 9 bis 11.30 und 14–16.30, Sa/So 10–16 Uhr | Av. Panteón | www.quintadeanauco.org.ve*

ESTANCIA DE ARTE [O]
An der Avenida Francisco Miranda im Stadtteil Altamira unterhält die staatliche Erdölgesellschaft PDVSA eines der angenehmsten Kulturzentren der Stadt. Es ist in einer ehemaligen Kaffeehacienda untergebracht, modern restauriert und von einem botanischen Garten mit tropischen Pflanzen umgeben. Dort finden Konzerte statt, es gibt Ausstellungsräume und eine Bibliothek. Umgeben vom Lärm der Verkehrsschneisen, ist hier eine grüne Idylle der Ruhe entstanden, die verdeutlicht, wie rapide Ca-

Plaza Bolívar: gepflegte Oase der Ruhe inmitten der hektischen Hauptstadt

Insider Tipp

> www.marcopolo.de/venezuela

CARACAS

racas gewachsen ist: Die einstige Kaffeeplantage liegt heute mitten in der Stadt! *Di–Sa 9–16, So 10–16 Uhr und zu Konzerten | Eintritt frei | Av. Francisco de Miranda | Urbanización La Floresta | Tel. 212/208 62 90 oder 208 62 56*

GALERÍA DE ARTE NACIONAL [U E4]

In dem luftigen Gebäude der klassizistischen Nationalgalerie werden Wanderausstellungen von Zeichnungen bis zu modernen Installationen gezeigt. Außerdem anspruchsvolles Programmkino. *Di–Fr 9–17, Sa/So 10.30–18 Uhr und zu den Veranstaltungszeiten | Plaza de los Museos*

JARDÍN BOTÁNICO [U F5]

Der Botanische Garten ist eine Oase der Stille im Stadtzentrum. In Gewächshäusern und naturbelassenen Gärten gewinnen Besucher beim geruhsamen Schlendern einen guten Überblick über die einheimische Flora. *Tgl. 8.30–16 Uhr | zwischen Autopista Francisco Fajardo und Ciudad Universitaria*

MUSEO DE CIENCIAS NATURALES [U E4]

Naturkundliches Museum mit der Darstellung von Fauna und Flora Venezuelas, darunter den berühmten „Fettvögeln" aus der Guácharohöhle. *Di–Fr 9–17, Sa/So 10.30–18 Uhr | Plaza de los Museos*

PANTEÓN NACIONAL [U B1]

Fünf Straßenblocks nördlich der Plaza Bolívar liegt ein Mausoleum, das den Venezolanern ziemlich heilig ist: die Grabstätte des Befreiers Simón Bolívar. Der Landessohn erhielt einen neoklassizistischen Palast mit Marmor, kostbaren Kristallüstern und einer imposanten Gemäldegalerie, die Szenen aus dem Leben Bolívars zeigen. *Di–So 9–17 Uhr | Plaza Panteón/Av. Norte*

PARQUE DEL ESTE RÓMULO BETANCOURT [O]

Auf 500 ha ein Erlebnispark mit gebändigter Natur, Restaurants, Planetarium, Volieren, Schlangenterrarium und künstlichen Seen, auf denen man Tretboot fahren kann. Der Parkeingang liegt an der Metrostation gleichen Namens. Sehr beliebt. *Tgl. 6–18 Uhr*

PLAZA BOLÍVAR [U B3]

Der stimmungsvolle Hauptplatz von Alt-Caracas trägt den Namen des Befreiers. Inmitten der Plaza steht – wie sollte es anders sein – ein Denkmal von Simón Bolívar. Es zeigt den Helden hoch zu Ross. Gesäumt wird die

MARCO POLO HIGHLIGHTS

★ **Los Roques**
Tauchen und Schnorcheln im Inselparadies (Seite 37)

★ **Ávila**
Hotel mit einem herrlichen Garten in Caracas (Seite 34)

★ **Parque Nacional El Ávila**
Mit Gondeln geht es von Caracas ins Gebirge (Seite 38)

★ **Parque Nacional Henri Pittier**
Malerische Nebelwälder und einer der schönsten Strände des Landes (Seite 39)

Plaza Bolívar von einigen markanten historischen Bauten: der weiß gekalkten *Kathedrale*, dem *Rathaus* (19. Jh.) und der aus der Kolonialzeit stammenden *Casa Amarilla* (Gelbes Haus), einem ehemaligen Gefängnis, in dem heute ein Teil des Außenministeriums untergebracht ist. Westlich des Rathauses erhebt sich der ebenfalls aus dem 19. Jh. stammende *Capitolio Nacional*, der Sitz des Parlaments. Dieser wohl größte Gebäudekomplex des historischen Stadtkerns ist zwar bis auf den *Salón Elíptico* nicht zu besichtigen, doch gestattet seine filigrane Architektur bezaubernde Einblicke in die Innenhöfe.

ESSEN & TRINKEN

Die empfohlenen Lokale befinden sich in den beliebten Ausgehvierteln wie Altamira, Castellana, Los Palos Grandes, El Rosal und Las Mercedes außerhalb des Zentrums.

ARÁBICA COFFEE BAR [0]
Insider Tipp

Winziges Café mit kleiner Terrasse und dem – so sagen Kenner – besten Kaffee von Caracas. Kuchen und kleine Gerichte. Angeschlossen ist das abwechslungsreiche Restaurant *Samui* mit thailändischen Spezialitäten sowie eine Pizzeria mit hauchdünner Pizza aus dem Holzofen. *Av. Andrés Bello/1° Transversal, Los Palos Grandes | Tel. 0212/286 36 36*

EL GRANJERO DEL ESTE [0]

Herzhafter, schlichter Kreolenstil, Pflanzenpatio, venezolanische Leckereien, gute *punta trasera*, frische Obstsäfte. *Av. Río de Janeiro zwischen Caroní und Nueva York, Las Mercedes | Tel. 0212/991 66 19 | €*

MAUTE GRILL [0]

Es heißt, dass hier sogar die Viehzüchter ihr Steak verzehren, wenn sie nach Caracas kommen. *Av. Río de Janeiro, Quinta El Portal, Las Mercedes | Tel. 0212/991 08 92 | €€*

EL MESÓN DE ANDRÉS [0]

Spanische Küche. Die Paella mit Meeresfrüchten soll die beste der ganzen Stadt sein. Klein und gemütlich. *Av. Miranda, Chacao | Tel. 0212/263 00 92 | €€*

TARZILANDIA [0]
Insider Tip

Eines der traditionellsten Restaurants der Stadt im Dschungelstyling mit klassischen Rezepten und ständig wechselnder Karte mit Fisch, Fleisch und Salaten. *10a Transversal, Av. San Juan Bosco, Altamira | Tel. 0212/261 84 19 | €€*

ÜBERNACHTEN

ÁVILA ★ [U E1]

Das traditionsreichste und wohl auch ruhigste Hotel in Caracas, mitten in grünrotgelber Blütenpracht am Hang gelegen. Schöne imperiale Atmosphäre mit leichter Patina. Zufahrt nur mit Taxi (Sicherheit!). 113 Zi. | *Av. Jorge Washington, San Bernardino | Tel. 0212/555 30 00 | Fax 552 83 67 | www.hotelavila.com.ve | €€€*

HOTEL CARACAS HILTON [U E4]

Sehr funktionelles Stadthotel ganz in der Nähe aller Museen, mit Metroanschluss (Station Bellas Artes, Linie 1). Nicht übertrieben teuer. Versuchen Sie, eines der ❄ Zimmer im oberen Bereich zu erhalten (Aussicht!). 708 Zi. | *Av. Mexico/Sur 25,*

> *www.marcopolo.de/venezuela*

CARACAS

El Conde | Tel. 0212/503 50 00 | Fax 503 50 02 | *www.hiltoncaracas.com.ve* | €€€

HOTEL MONTSERRAT [0]
70 klimatisierte Zimmer und Restaurant in sicherer Gegend, Metrostation

■ AM ABEND
Spanischkundige informieren sich unter *www.rumbacaracas.com*.

CAFÉ AUYAMA ▶▶ [0]
Insider Tipp

Heiß begehrt: ein Tisch am Samstagabend in der angesagten Cafébar. Je-

Complejo Cultural Teresa Carreño: der Kulturtempel von Caracas

und Ausgehzentren Palos Grandes und Altamira um die Ecke. *Av. Luis Roche schräg gegenüber der Plaza Francia | Tel. 0212/263 35 33 | Fax 261 13 94 | hotelmontserrat@cantv.net* | €€

PASEO LAS MERCEDES [0]
Modernes Hotel für Geschäftsreisende, winziger Pool auf dem Dach, guter Service. *196 Zi. | Centro Comercial Paseo Las Mercedes | Tel. 0212/ 993 66 44 | Fax 993 03 41 | www.hotelpaseolasmercedes.com* | €€€

den Abend Livemusik. Salate, *fajitas* und Snacks. *Am Wochenende ab 17 Uhr, sonst ab 12 Uhr | Calle Londres, Las Mercedes | Tel. 0212/991 94 89*

COMPLEJO CULTURAL
TERESA CARREÑO [U E4]
Der größte Kulturtempel der Stadt, ein moderner Gebäudekomplex am westlichen Rand des Parque Los Caobos. Hier tritt das *Orquestra Sinfónica Juvenil de Caracas* auf, das Jugendsinfonieorchester Venezuelas. *www.teatroteresacarreno.gob.ve*

Insider Tipp

JUAN SEBASTIÁN BAR ▶▶ [0]

Jazzkneipe mit dem Dekor der Fünfzigerjahre. Für Liebhaber von Livejazz. *Av. Venezuela/Calle Mohedano, El Rosal | Tel. 0212/951 55 75 und 951 05 95*

Begrüßung auf Deutsch: „Herzlich willkommen in Colonia Tovar"

AUSKUNFT

INATUR [0]

Av. Francisco de Miranda/Av. Principal La Floresta (Edificio Mintur) | www.mintur.gob.ve | Tel. 0212/208 45 11

ZIELE IN DER UMGEBUNG

COLONIA TOVAR [115 F3]

Man reibt sich die Augen und glaubt es nicht. „Hotel Zum Kaiserstuhl", „Pension Drei Tannen", „Schlosshof" steht da zu lesen. Die behäbigen alemannischen „Heidenhäuser", fest aus Balken und Fachwerk gefügt, schmücken Blumen, das Brennholz ist akkurat gestapelt. Eigentlich hätte Colonia Tovar (5000 Ew.) den Namen Neuendingen verdient. Denn aus Endingen am Kaiserstuhl, aus Herbolzheim und Forchheim stammten die ersten Siedler. Die Köstlichkeiten der „Deutschen" finden bei den am Wochenende einfallenden Touristen aus dem 30 km östlich gelegenen Caracas reißenden Absatz.

Ein geschmackvolles Refugium der Stille ist die *Posada Don Elicio (Tel. 0244/355 12 54 | Fax 355 14 59 | www.posadadonelicio.com | €€€)* mit mehreren Chalets (insgesamt 20 Betten) sowie Blick über Berg und Tal. Extrem freundliche Aufnahme finden Sie im *Hotel*

> www.marcopolo.de/venezuela

CARACAS

Bergland (20 Zi. | Sector El Calvario, vom Zentrum drei Kurven Richtung La Victoria | Tel./Fax 0244/355 12 29 | bergland@cantv.net | €€), das über ein ==hervorragendes Restaurant== verfügt, in dem man besonders Leckereien aus dem Schwarzwald genießen kann. Der Standard der Zimmer liegt über dem von venezolanischen Fünfsternehotels, der Preis ist moderat.

insider tipp

EL HATILLO [115 F3]

Nur 12 km südöstlich von Caracas liegt dieses ländliche und vornehme Dörfchen (4000 Ew.), Ausflugsziel und Amüsiermeile der gestressten Hauptstädter. Früher kaufte man hier frische Waren vom Bauern, heute gibt es Kunstgewerbe- und Gesundheitsshops und eine große Auswahl an Cafés, Restaurants, Bars und Musiklokalen. Mit dem Taxi kommt man in 30 Minuten bequem hin. Im *Pastellhaus (Calle La Paz 32 | Tel. 0212/963 54 86 | €)* gibts Pizza, Pasta und Kuchen, und es hat die ==schönste Terrasse des Orts.==

insider tipp

EL LITORAL [115 F2]

Die rund 30 bis 50 km nördlich und östlich von Caracas liegenden Strände und Seebäder werden unter dem Namen El Litoral zusammengefasst: *La Guaira, Macuto* und *Caraballeda.* Einstmals beschauliche Fischerdörfchen, wurden sie vom wachsenden Strandtourismus der Hauptstadtbewohner rasch vereinnahmt. Nach den katastrophalen Erdrutschen von 1999, die auch der ungezügelte Bauboom mit verursachte, hat man nicht viel getan, um die Region wieder aufzuwerten. Für Touristen ist die Gegend überdies gefährlich.

LOS ROQUES ★ [115 F1]

Der winzige Archipel 135 km vor der Küste besteht aus etwa 50 *cayos,* Felskrümeln. Nur *Gran Roque* ist bewohnt (1000 Ew.), auf den anderen Inselchen leben lediglich einige wenige Fischer. Ein großzügiges Korallenriff umgibt den Archipel und sorgt für prächtige Tauch- und Schnorchelgebiete und ein unvergleichliches Farbenspiel des Wassers. Los Roques steht unter strengem Naturschutz; deshalb ist dort die maritime Natur auch noch uneingeschränkt zu bewundern.

> LOW BUDGET

> In sicherer, sauberer Umgebung nur 300 m oberhalb der Metrostation Altamira liegt das Restaurant *La Dolce Vita (Av. San Juan Bosco, Edificio El Torbes | Tel. 0212/262 21 80)*. Hier können Sie sich am günstigen und frischen Buffet zum Kilopreis bedienen.

> Wer viel mit der Metro unterwegs ist, sollte sich in jedem Fall ein *multi-abono* für zehn Fahrten zulegen. Nicht nur, dass die Kosten pro Fahrt unter dem normalen Fahrpreis liegen, man spart sich auch die Schlangen am Fahrkartenschalter, die zu Stoßzeiten unangenehm lang werden können.

> Eine einfache und saubere Unterkunft im Nationalpark Henri Pittier ist das deutschsprachige *Hostal Colonial (20 Zi. | auf der Hauptstr. gegenüber vom ehemaligen Busterminal | Tel. 0243/218 50 12 | www.choroni.net)* im Herzen des Orts Puerto Colombia.

Im Gegensatz zu früher ist es heute nicht mehr unerschwinglich, auf Los Roques ein paar Tage zu verbringen. Die Zahl der Pensionen, meist charmante, familiäre *posadas,* ist auf 60 gestiegen, was die Preise senkte, und das hat ein internationales, meist italienisches Publikum angezogen. Trotz der wachsenden Probleme – es werden mehr Wasser und Strom verbraucht, und neue Pensionen verdrängen die Fischerkaten – hat der Tourismus hier etwas sympathisch Improvisiertes.

Von Porlamar und Caracas aus kann man Tagestouren nach Los Roques buchen. Im Preis sind meistens eine Fahrt auf dem Katamaran zu verschiedenen *cayos* und ein Schnorchelaufenthalt eingeschlossen. Zu jedem Flug oder Paket kommt immer noch die staatliche Eintrittsgebühr in den Nationalpark dazu, im Falle von Los Roques rund 10 Euro. Buchung z. B. über *Parianatours (Tel. 0294/ 331 72 97 | www.parianatours.com/ tours/roques.php):* Der Veranstalter bietet zu einem sehr fairen Preis eine All-inclusive-Luxusyacht für Los Roques an, mit **Touren zu Geheimplätzen des Atolls.** [Inside Tip] Auch Flug und Posadavermittlung.

Zwei empfehlenswerte *posadas* auf Los Roques: *Doña Carmen (9 Zi. | Tel. 0414/318 49 26 | Fax 0237/ 221 10 04 | donacarmen@losroques paradise.com | €€),* die älteste Pension und recht preiswert; *Caracol (4 Zi. | Tel. 0237/221 10 49 | Handy 0414/ 313 01 01 | www.posadacara col.com | €€€)* liegt direkt am Meer.

PARQUE NACIONAL EL ÁVILA ★ [115 F2]

Der Nationalpark bildet nicht nur die bezaubernde Kulisse für die im Tal sich ausdehnende Stadt, sondern ist auch das bevorzugte Wandergebiet der Hauptstädter. Das dicht bewaldete Ávilamassiv trennt die Haupt-

Los Roques: Mit etwas Glück hat man ein kleines Paradies für sich allein

CARACAS

stadt von der Karibikküste. Von Sabanas Nieves im Stadtteil Altamira geht es steil bergauf, die Wege sind gesäumt von Kiosken mit Schweinefleischbrötchen und frischem Obstsaft. Man kann auch einen Halbtagesausflug buchen und sich auf den Waldlehrpfad *Los Venados* die üppige Naturvielfalt des Parks vom immergrünen Nebelwald bis zu andinen Gräsern und Sträuchern erklären lassen. Die Gipfel zu besteigen ist keine Kleinigkeit, der *Ávila* liegt 2159 m hoch, der *Naiguaitá* 2765 m. Die Temperaturen können nachts unter den Gefrierpunkt sinken.

Beliebte Attraktion: die *Gondelbahn* zum ❄ *Ávila* (Di–So 10–24 Uhr | www.avilamagica.com). Oben wurden ein Spielplatz und eine Schlittschuhbahn eingerichtet; Letztere ist nur am Wochenende geöffnet. Von dort aus läuft man eine halbe Stunde hinunter zur Küstenseite in das malerische Örtchen *Galipán* oder lässt sich mit dem Jeep fahren. Die Sicht auf Caracas und die Küste ist sagenhaft. In dem Blumenzüchterörtchen stehen mehrere empfehlenswerte Restaurants für die Mittagspause zur Wahl, von ganz rustikal bis ziemlich fein. Die Talstation der Bahn liegt an der Kreuzung *Av. Principal de Maripérez/Av. Boyacá*.

PARQUE NACIONAL HENRI PITTIER ⭐ [115 E3]

Der 10 km² große Park liegt 70 km westlich von Caracas. Dichter Nebelwald überzieht die steilen Hänge der Küstenkordillere. Die Gipfel (knapp über 2000 m Höhe) verstecken sich meistens in den Wolken. Im Park wurden mehr als 560 Vogel- und 1100 Pflanzenarten gezählt. Spaß macht eine mehrtägige Tour, denn hier liegen berühmte alte Kakaoplantagen und ==schöne, komplett unverbaute Strände== [Insider Tipp] bei *Puerto Colombia*, *Chuao* und *Cepe*. Als Erstes erreicht man von Caracas das hübsche koloniale Dörfchen *Santa Clara de Choroní;* der bedeutendere Ort ist *Puerto Colombia* am westlichen Rand der Playa Grande.

In Puerto Colombia gibt es mehrere *posadas* und Hotels, manche in restaurierten Kolonialhäusern oder Haciendas. Empfehlenswert sind *Posada del Sol (Tel. 0243/991 11 21 und 0414/053 21 59 | €€€)* im oberen Teil von Puerto Colombia: neun komfortable, angenehme Zimmer mit einem schönen Garten und Pool. Günstig und mit netter, deutschsprachiger Beratung kommt man bei Martin in der *Posada Tucan Travel (7 Zi., 1 Apartment | Tel. 0243/ 991 11 78 | www.posadatucan.com | €)* auf der Hauptstraße unter.

> INSEL DER SONNENANBETER

Früher Beuteziel von Abenteurern und Piraten,
heute Hochburg des Tourismus

> **Die Isla de Margarita [116 C2], die „Perle der Karibik", ist inzwischen auch ein Ziel des Massentourismus.**
Als Perleninsel lockte sie die spanischen Abenteurer, die, kaum dass Christoph Kolumbus das Eiland bei seiner dritten Atlantiküberquerung 1498 entdeckt hatte, die eingeborenen Guaiquerí-Indianer dazu zwangen, die Austernbänke zu plündern und nach den begehrten Muscheln zu tauchen. Margarita hat eine mit Blut geschriebene Geschichte, die der Insel wegen ihrer tapferen Krieger auch den Namen Nueva Esparta (Neu-Sparta) eingetragen hat.

Nach den spanischen Abenteurern, die sich in erster Linie auf Margaritas kleiner Nachbarinsel Cubagua festgesetzt hatten, kamen englische Piraten. Ihnen folgte der größenwahnsinnige, plündernde Lope de Aguirre. Die Erbitterung gegen die Spanier brach sich mit den Befreiungskriegen

Bild: Strand bei Juangriego

ISLA DE MARGARITA

im 19. Jh. Bahn. Dann senkte sich Ruhe über das sonnenbeschienene Eiland.

Die Insel (395 000 Ew.) ist mit 850 km² etwa so groß wie Hamburg. Genau genommen ist Margarita eine Doppelinsel, die in der Form an einen Schmetterling erinnert. Der kleinere, westliche „Flügel", Macanao, ist flach, nur spärlich besiedelt und bildet mit seiner unter Naturschutz stehenden, wüstenhaften Vegetation (Kandelaberkakteen) einen herben Kontrast zu dem doppelt so großen, üppig bewachsenen und leicht gebirgigen Haupt-„Flügel" im Osten mit seinen Stränden und Städten. Beide Teile der Insel sind durch eine schmale, von Mangroven bedeckte Landzunge verbunden.

La Asunción, ältester Ort und zugleich Hauptstadt der Insel (1561 gegründet, 25 000 Ew.), schmiegt sich in die Berge der Hauptinsel. Das

EL YAQUE

Surfer treffen besonders vor der Isla Coche beste Windverhältnisse an

1975 wurde Margarita zur Freihandelszone erklärt, und sofort setzte ein Ansturm der Venezolaner ein, die Strandurlaub mit Einkaufstouren verbinden. In der Karwoche, um Weihnachten und während der Sommerferien (Juli/August) sind Hotels, Restaurants und Strände mit einheimischen Touristen überfüllt.

Margarita ist der ideale Ausgangspunkt für Fahrten zu nahen und weiten Zielen in Venezuela. Die beliebtesten Touren führen in den Meeresnationalpark Los Roques und werden überall angeboten. Ebenso gefragt sind Touren nach Paria, zum Wasserfall Salto Angel und ins Orinocodelta.

EL YAQUE

[121 E4] **Die Winde im Süden wehen recht kräftig. Das gefällt besonders Wind- und Kitesurfern, und so hat sich El Yaque zu einem beliebten Revier für ⭐ Wind- und Kitesurfen entwickelt, in dem schon Worldcups ausgetragen wurden.** Die ausgedehnten Strände haben einen feinen Sand, und das Wasser ist seicht und warm – El Yaque empfiehlt sich also auch für Ferien mit Kindern.

quirlige *Porlamar* (180 000 Ew.) im Süden ist mit dem 20 km südwestlich gelegenen Flughafen Metropole und Geschäftszentrum. *Pampatar,* 10 km weiter nordöstlich, war früher der Haupthafen Margaritas.

Das Klima zeichnet sich durch ausgiebige Sonneneinstrahlung aus – 365 Tage Sonnenschein im Jahr versprechen die Prospekte zu Recht –, eine ständige kühle Brise und angenehme Durchschnittstemperaturen (Luft 27, Wasser 25 Grad). Was also lag näher, als den Tourismus hier zu verankern?

In den vergangenen Jahren verwandelte sich das ehemals abseits vom Trubel gelegene Fischerdorf in ein nicht allzu gestyltes, lässiges Urlaubsdomizil mit vielen netten, kleinen Hotels, Surfläden und -schulen, Bars und Restaurants. Von hier starten die Boote zur Isla Coche, und zum Flughafen der Insel ist es ebenfalls nicht weit. El Yaque bietet sich somit für alle als Zwischenstation an, die frühmorgens zu einer Rundreise

> *www.marcopolo.de/venezuela*

ISLA DE MARGARITA

aufs Festland aufbrechen oder spät zurückkehren.

ESSEN & TRINKEN
DA ENRICO ▶▶
Lustig und originell essen kann man in diesem kleinen italienischen Restaurant an der Hauptstraße. *Tel. 0295/ 415 66 52 | €*

ÜBERNACHTEN
WINDSURF PARADISE
In Blau und Weiß getauchtes, sehr schickes Hotel mit Windsurfverleih und Unterricht. *65 Zi. | Av. Principal del Yaque | Tel. 0295/263 97 60 | Fax 263 88 90 | www.windsurf-paradise. com | €€*

EL YAQUE BEACH 🔊
Geräumige Zimmer und Suiten mit Blick auf den Strand, sehr freundlich mit ==stimmungsvollem Strandrestaurant.== *12 Zi., 12 Apartments | Tel. 0295/ 263 84 41 / Fax 263 98 51 | www.ya que-beach.com | €€*

Insider Tipp

EL YAQUE MOTION 🔊
Freundlich und günstig auch für einen längeren Aufenthalt, denn es gibt schön eingerichtete Bungalows oder gemütliche Zimmer mit Küchenbenutzung, deutschsprachig. *21 Zi., 4 Apartments | Calle Principal (schräg gegenüber der Polizei an der Ortseinfahrt) | Tel. 0295/263 97 42 und 0416/596 51 39 | www.elyaquemo tion.com | €*

EL YAQUE PARADISE 🔊
Das Hotel mit seinen sauberen Zimmern und einem Terrassenrestaurant ist typisch venezolanisch. Verleih von Windsurfgeräten, gute Atmosphäre an der Strandbar. *26 Zi. | Av. Principal del Yaque | Tel. 0295/ 263 98 10 | Fax 263 91 48 | www.ho telyaqueparadise.com | €€€*

ZIEL IN DER UMGEBUNG
ISLA COCHE ⭐ [121 D–E 5–6]
Die kleine Schwesterinsel (3000 Ew.) ist eine ruhigere Alternative zur ungleich lebhafteren Isla de Margarita. Es gibt nur zwei Strandhotels, einen ellenlangen Strand mit pulverfeinem Sand, einen Fischerort, in dem man preiswert und gut Fisch essen kann, und ein interessantes Inselinneres, das sich auf einer Rundfahrt entde-

MARCO POLO HIGHLIGHTS

⭐ **Laguna de la Restinga**
Mangrovendickichte mit typischer Tierwelt (Seite 45)

⭐ **Wind- und Kitesurfen**
In El Yaque: ideale Meer- und Windverhältnisse für Funsportler (Seite 42)

⭐ **Isla Coche**
Margaritas kleine Schwester bietet ruhigeres Karibikflair (Seite 43)

⭐ **Inselrundfahrt**
Ob mit dem Mietwagen oder im volkstümlichen Sammelbus: die Strände abklappern und unterwegs anhalten, wo es einem gefällt (Seite 51)

⭐ **Cocody**
In Porlamar Kerzenlichtromantik im Restaurant am Meer, französisch inspirierte Küche und Musik zum Diner (Seite 49)

JUANGRIEGO

cken lässt. Taxifahrer chauffieren Sie gerne zu weiteren Stränden des Minielands.

Direkt am Strand liegt das *Coche Paradise (60 Zi. | Playa La Punta | Tel. 0295/265 44 44 | www.hotelcocheparadise.com | €€€)*. Es ist ein attraktives Schwesterhotel zum *El Yaque Paradise* mit gutem Pool. Das All-inclusive-Hotel *Brisas del Mar (50 Zi. | Via San Pedro | Sector Punta La Salina | Tel. 0295/416 72 16 und 0416/696 02 20 | www.brisasdecoche.com | €€)* liegt direkt hinter dem Coche Paradise; es verfügt über geräumige Bungalows und eine attraktive Bar.

JUANGRIEGO

[121 E3] Die Stadt erhielt ihren Namen („Hans der Grieche") angeblich deshalb, weil einmal ein Grieche an dieser Stelle im Norden der Insel von einem Piratenschiff ausgesetzt worden ist. Der Ort (9000 Ew.) lebt halb vom Fischfang, halb vom Tourismus. Von den Überresten der Festung ❊ *La Galera* aus hat man einen hübschen Blick über das Städtchen und seine Bucht. Berühmt sind die Sonnenuntergänge, die man von La Galera aus sehen kann. Typisch für Juangriego sind die pfiffigen Schüler, die Besuchern eine Geschichte aus den Unabhängigkeitskämpfen auswendig vortragen. Die besseren Badestrände *(Playa La Galera, Playa Caribe)* liegen weiter nördlich.

■ ESSEN & TRINKEN

PIZZERIA LA MAMMA

Beliebtes, rustikales Restaurant mit empfehlenswerter Küche. Pizza und Langusten. *Calle Guevara | Tel. 0295/253 51 01 | €*

EL VIEJO MUELLE

In der „Alten Mole" direkt am Strand lässt es sich herrlich schlemmen. *Calle El Fuerte | Tel. 0295/253 29 62 | €€*

Die Karibik immer im Blick: Strandpromenade in Juangriego

ISLA DE MARGARITA

■ ÜBERNACHTEN
HOTEL COSTA CARIBE
Riesige orange-ockerfarbene Anlage im rustikal-elegantem Stil, geschickt angebotenen werden. Sie lässt sich aber auch auf eigene Faust mit einem Taxifahrer organisieren. Kombinieren kann man die Lagunenfahrt mit ei-

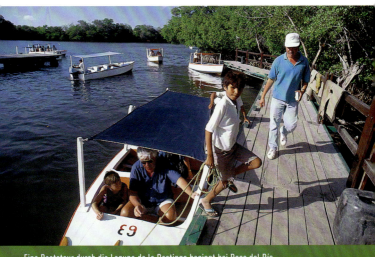

Eine Bootstour durch die Laguna de la Restinga beginnt bei Boca del Rio

verteilte Zimmerfluchten. Den Garten schmücken Bougainvilleen, und er hat einen originell gestalteten, großen Pool. Deutsche Leitung. *405 Zi. | Sector Playa Caribe | La Galera | Tel. 0295/400 10 00 | Fax 400 10 10 | www.LTI-costacaribe.com | €€€*

■ ZIELE IN DER UMGEBUNG
LAGUNA DE LA RESTINGA ★ [120–121 C–D3]
Mangrovendschungel mit zahlreichen Brutplätzen und ab und zu einem Alligator. Eine unterhaltsame Bootstour durch die Lagune beginnt in der Nähe des netten Fischerortes *Boca del Río*. Sie ist oft in die Inselrundfahrten eingebettet, die überall

nem Besuch des gut ausgestatteten Meeresmuseums *Museo del Mar (tgl. 9–16 Uhr)* in *Boca del Río* und einem abschließenden Bad an der *Playa La Restinga*.

Insider Tipp

PENÍNSULA DE MACANAO [120 A–C 3–4]
Der westliche „Flügel" der Insel mit Kakteensteppe und schönen Stränden, z. B. der *Playa Auyama*. In seinem Innern thront die winzige „Hauptstadt" von Macanao, *San Francisco*.

PAMPATAR
[121 F3] Etwa 10 km nordöstlich von Porlamar und inzwischen fast mit ihm ver-

PAMPATAR

wachsen liegt ganz im Osten der Insel das 1530 gegründete Städtchen Pampatar (30 000 Ew.). Es hat einen überschaubaren, gemütlichen Altstadtkern und bietet einige angesagte Bars und Restaurants für all jene, die es gern etwas individueller mögen als in der Gastronomie der Einkaufszentren von Porlamar.

■ SEHENSWERTES

CASTILLO DE SAN CARLOS BORROMEO ☀

Von der restaurierten Festung, erbaut im 17. Jh. und von niederländischen Piraten wiederholt geplündert, genießt man einen schönen Blick auf die Stadt und über die Bucht auf die Karbische See. *Tgl. 8–12 und 14 bis 17 Uhr*

> LOW BUDGET

> Äußerst günstige und individuelle Bootstouren, ja sogar kostenlose (!) Angeltouren bietet Jens von der *Posada Quinta Cotoperiz (Tel. 0416/198 02 87 und 0295/611 1673 | www.quinta-cotoperiz.com)* an der Westküste in La Guardia an; auch Wassersport.

> Ein typisches, sehr günstiges Landstraßenrestaurant mit den klassischen kreolischen Angeboten ist *El Cimarrón (Av. 31 de Julio, Sector La Fuente, an der Landstraße zwischen El Tirano und Playa El Agua)*. Große Portionen!

> In guter Ortslage in Juangriego befindet sich das einfache, sehr freundliche *Hotel Patrick (10 Zi. | Calle El Fuerte | Tel. 0295/253 62 18 | www.hotelpatrick.com)*.

IGLESIA DEL SANTÍSIMO CRISTO DEL BUEN VIAJE

Die Kirche aus dem 18. Jh. verfügt wie viele Gotteshäuser der Insel über eine Außentreppe zum Glockenstuhl. Der Darstellung des Gekreuzigten werden von den Fischern wundersame Kräfte zugeschrieben.

■ ESSEN & TRINKEN

RISTORANTE TRATTORIA CASA CARANTA

Hier in der Altstadt pflegt man die kulinarische Kultur von Margarita mit einer kreativen Küche, die in einem familiären Ambiente italienische Elemente mit karibischen vermischt. *Av. Principal, 500 m vor dem Castillo | Tel. 0414/793 52 48 |* €€€

Insider Tipp

GUAYOYO CAFÉ ▶▶

Die attraktive Freiluftadresse liegt romantisch auf mehreren Terrassen über den Klippen des Meers ausgebreitet. Drinks und Fusion-Food, Livemusik. *Calle El Cristo | Sector La Caranta | Tel. 0295/262 45 14 |* €€

Insider Tipp

KAMY BEACH ▶▶

Ein bisschen Ibiza-Style: Man macht es sich bei Kerzenschein und einem Drink auf Sitzkissen bequem und hört Loungemusik. *Am Strand zwischen Porlamar und Pampatar*

■ ÜBERNACHTEN

FLAMINGO BEACH ☀

Recht gut ausgestattetes, nicht billiges Hotel mit Kabelfernsehen in seinen 158 Zimmern. Schöne Ausblicke, denn es liegt oberhalb der Ortschaft. *Calle El Cristo | Vía La Caranta | Tel. 0295/262 51 11 | Fax 262 02 71 | www.flamingobeachonline.com |* €€–€€€

ISLA DE MARGARITA

PLAYA EL AGUA

[121 F2] **Playa El Agua ist das Zentrum der Strände im Norden, die sich wie eine Perlenkette von Juangriego bis Puerto Fermín entlangziehen.** Die rund 3 km lange

■ ÜBERNACHTEN

CORAL CARIBE
Das üppige Frühstücksbuffet des Südtiroler Besitzers Walter Mair lobt die halbe Insel. 21 geräumige, komfortable Zimmer. *Calle Miragua | Tel. 0295/249 00 21 | Fax 249 06 28 | www.coral-caribe.com |* €

An der Playa El Agua im Nordosten brechen sich oft hohe Wellen

Playa El Agua ist der beliebteste Strand (Palmen, oft hohe Brandung); an ihm reihen sich Restaurants und Hotels jeder Preisklasse.

■ ESSEN & TRINKEN

RESTAURANTE EL SUEÑO
Mit geräumiger Veranda zum Strand und maritimer Dekoration. Fisch und Meeresfrüchte, netter Service. *Av. Principal Playa El Agua | Tel. 0295/ 249 07 78 |* €€€

COSTA LINDA
Die Architektur dieses einstöckigen, farbig gestrichenen Gebäudes zitiert den Kolonialstil. Man wohnt in geräumigen, attraktiv dekorierten Zimmern. Im Patio befinden sich ein Frühstücksrestaurant und ein Swimmingpool. Freundlicher Service, die Besitzer sind Uruguayer. *17 Zi. | Calle Miragua | Tel. 0295/249 13 03 | Fax 249 12 92 | www.hotelcostalinda.com |* €€

PORLAMAR

HOTEL HESPERÍA PLAYA EL AGUA
Bettenturm und gepflegte Bungalowanlage, schöner Garten mit Animation und allem, was zu einer All-inclusive-Anlage dazugehört. *355 Zi. | Av. 31 de Julio | Tel. 0295/400 81 11 | Fax 400 81 51 | www.hesperia-playa elagua.com | €€€*

LAS PALMERAS
Von der kleinen Anlage im landesüblichen rustikalen Stil sind es nur 400 m zur Playa El Agua; zahlreiche Restaurants in der Umgebung. *46 Zi. | Tel. 0295/249 16 35 | Fax 249 03 77 | €€*

VILLA AMARILLA
Wer einen etwas längeren Aufenthalt auf Margarita plant, kann sich zu guten Konditionen bei Danni und Burkhard dieses große Ferienhaus in der Nähe von Playa El Agua mieten. *Tel. 0295/2491175 | www.cococaribe.de | €€€*

ZIEL IN DER UMGEBUNG

ISLAS LOS FRAILES [121 F2]
Die kleinen Riffe, die vor der Playa El Agua liegen, sind gute Tauchreviere. Ausflugsfahrten ab Playa El Agua und Porlamar.

PORLAMAR

[121 F4] Mit seinen Hochhäusern, Einkaufszentren und Fastfoodlokalen bietet Porlamar (130 000 Ew.) nicht gerade das Bild einer idyllischen karibischen Stadt. Für die Venezolaner hingegen stellt sie das ideale Urlaubsrevier dar mit Shopping, Kasinos und einem rummeligen Nachtleben. Im alten Porlamar lädt die Plaza Bolívar mit Schatten spendenden Bäumen zum Ausruhen ein. Der Leuchtturm aus dem 17. Jh. am Paseo Rómulo Gallegos weist den Weg zum Alten Markt *(Mercado Viejo)*. Ansonsten läuft man durch gesichtslose Straßenzüge und an Baustellen vorbei.

HUMBOLDT UND BOLÍVAR
Zwei Männer, die das Südamerika des 19. Jhs. prägten

Sie kannten und sie schätzten sich, der deutsche Wissenschaftler Alexander von Humboldt (1769–1859) und der „Befreier Südamerikas" Simón Bolívar (1783–1830) aus Caracas. Kennengelernt hatten sie sich in den Pariser Salons. Humboldt bereiste mit Genehmigung der Krone spanische Besitzungen in Amerika. Seine Berichte vermitteln ein Bild wirtschaftlicher und geistiger Blüte, aber auch krasser sozialer Spannungen. Der reiche Großbürgersohn Bolívar nannte Humboldt sogar den „wahren Entdecker Südamerikas", weil es ihm nicht um Gold und Unterjochung ging, sondern um die genaue Erfassung des natürlichen Reichtums des südamerikanischen Subkontinents. Bolívar selbst machte mit seinem brillanten Geist und seinen militärischen Leistungen der Kolonialherrschaft Spaniens in Lateinamerika ein Ende. So gut wie jeder Hauptplatz trägt heute seinen Namen. Aber auch Humboldt ist Taufpate von Schulen, Straßen, Plätzen. Der zweithöchste Gipfel des Landes ist nach ihm benannt, der höchste heißt natürlich: Bolívar.

ISLA DE MARGARITA

Mit seiner nächtlichen Skyline wirkt Porlamar fast weltstädtisch

SEHENSWERTES

MUSEO DE ARTE CONTEMPORÁNEO
Das Museum zeigt Werke des einheimischen Malers und Bildhauers Francisco Narváez und anderer namhafter moderner Künstler. *Mo–Fr 8 bis 12 und 14–17 Uhr | Calle Igualdad/Calle Fraternidad*

ESSEN & TRINKEN

COCODY ★ ✿
Französisches Spitzenrestaurant an der Playa Bella Vista. Angenehmes Ambiente an der frischen Luft, guter Service und wunderbare Gerichte, die meisten aus dem Meer. *Av. Raúl Leoni/Calle El Morro | Tel. 0295/ 261 84 31 | €€€*

RESTAURANT DOLPHIN
Italienische und internationale Spezialitäten zu fairen Preisen. *Av. Aldonzo Manrique, Playa El Angel zwischen Porlamar und Pampatar | Tel. 0295/262 37 55 | €€*

CAFÉ MEDITERRÁNEO
Lustiger, nicht ganz billiger Italiener mit ausgefallenen Rezeptkreationen – eines der angesagtesten Restaurants auf der Insel. Außer am Wochenende nur abends geöffnet. *Calle Campos/Calle Patiño | Tel. 0295/ 264 05 03 | €€*

EL REMO
Ein rustikaler, netter Treff mit venezolanischer und italienischer Küche. Tanz bis morgens um 3 Uhr. *Av. 4 de Mayo | Tel. 0295/261 31 97 | €*

CAFÉ VIVALDI
In der Nähe des alten Zentrums frisch zubereitete Kuchen und gute Sandwiches und Fruchtsäfte. Mit Terrasse. *Calle Patiño/Calle Malavé | Tel. 0295/263 04 52 | €€*

EINKAUFEN

ARTISAN'S
Kunstgewerbe aus dem ganzen Land, T-Shirts und Perlen. *Calle Malavé*

CENTRO COMERCIAL SAMBIL 📶
Beliebtestes Allroundeinkaufscenter der Insel zwischen Porlamar und Pampatar mit Restaurants, Bars, Kinos, Cafés und natürlich Geschäften

PORLAMAR

und Ablegern internationaler Boutiquenketten.

ÜBERNACHTEN

POSADA CASA LUTECIA
Zentral gelegen und trotzdem ruhig, sauber und anheimelnd. Fragen Sie nach einem der Zimmer auf der Dachterrasse am Swimmingpool. Allerdings: Es herrscht Kinderverbot im Haus! *14 Zi. | Calle Campos zwischen Calle Cedeño und Calle Marcano | Tel./Fax 0295/263 85 26 | www.guiaturismo.com/casalutecia/index.htm | €€*

HOTEL CASTILLO EL MILAGRO
In einem ehemaligen Schloss untergebrachtes, stilvolles Hotel mit Swimmingpool, Bar, Frühstück, in der Nähe des modernen Zentrums von Porlamar. *24 Zi. | Calle Fermín, Sector Genovés | Tel. 0295/261 22 50 | www.hotelelmilagro.com | €€*

MARGARITA HILTON
Das Hilton ist wahrscheinlich die luxuriöseste Herberge in Porlamar. *336 Zi. | Calle Los Uveros | Urbanización Costa Azul | Tel. 0295/260 17 00 | Fax 262 08 10 | www.hilton.com | €€€*

HOTEL MARÍA LUISA
Anständiges Mittelklassehotel in der City – ohne viel Raffinesse, aber zufriedenstellender Service und 90 saubere Zimmer. *Av. Raúl Leoni | Sector Bella Vista | Tel. 0295/263 79 40 | Fax 261 05 64 | €*

AM ABEND

ARESTINGA CLUB
Spielbank mit Roulette, Poker, Bakkarat und einarmigen Banditen. *Tgl.*

An der Playa El Tirano bekommt ein Fischerboot frische Farbe

ISLA DE MARGARITA

ab 20 Uhr | Calle Fermín/Av. 4 de Mayo

LA COLINA DEL PINTOR
Originelle Mixtur aus Galerie und gepflegtem Restaurant, beliebt bei etwas betuchteren Gästen. *Tgl. 18–24 Uhr | Centro Comercial Los Robles*

HARD ROCK CAFÉ ▶▶
Mittlerweile gibt es auch auf Margarita eines der legendären Hard Rock Cafés, und zwar im Einkaufszentrum Sambil. *Tgl. 12–24 Uhr*

OPAH
Neu und sehr modisch, eine am Señor Frogs orientierte Mischung aus Bar, Restaurant, Lounge und Disko. Ebenfalls im *Centro Comercial Costa Azul (Av. Bolívar). Tgl. 17–4 Uhr*

SEÑOR FROGS ▶▶
Restaurant, Bar und Disko und ein toller Treffpunkt. *Tgl. 12–3 Uhr | Av. Bolívar | Centro Comercial Costa Azul*

■ AUSKUNFT
CÁMARA DE TURISMO DEL ESTADO NUEVA ESPARTA
Av. Santiago Mariño, Edificio Ramón | Tel. 0295/263 56 44 | Fax 263 59 22 | www. margaritaonline.com

■ INSELRUNDFAHRT
★ Einmal rund um das Eiland zu fahren und die Strände zu besuchen ist ein Muss auf Margarita. Man kann sich diversen Touren anschließen oder einen Mietwagen nehmen. Billig und volkstümlich ist es, sich mit dem Sammelbus *(por puesto)* durch die Dörfer schaukeln zu lassen. Die folgende Route kann bequem an einem Tag zurückgelegt werden, berührt allerdings nicht die landschaftlich reizvolle Península Macanao im Westen.

Die Fahrt beginnt in *Porlamar*. Über die Av. 4 de Mayo geht es hinaus in Richtung *Pampatar*. Dort lohnt ein Gang durch die Altstadt. Über Agua de Vaca und Atacamo erreichen Sie *La Asunción,* das Hauptstädtchen der Insel. Empfehlung: Aufstieg zum ✹ *Castillo de Santa Rosa* mit Blick über die Insel. Dann nehmen Sie die Ausfahrt nach Santa Ana und erreichen nach rund 1 Std. *Juangriego*. Zuvor kommen Sie durch *Tacarigua*, ein kleines Dorf, dessen Frauen sich der ==Herstellung von Hängematten== verschrieben haben. [Insider Tipp] Im Nachbarort *La Vecindad* wird Kunsthandwerk geboten.

Nördlich von Juangriego liegt der wohl schönste Strand der Isla de Margarita, die *Playa Caribe,* ein großes Hufeisen aus eidottergelbem Sand. Der nächste Strand ist die *Playa Puerto Cruz* mit dem Luxushotel *Isla Margarita*. Über Manzanillo, ein Fischerdorf am Cabo Negro, geht es nach Südosten zur *Playa El Agua* mit ihrem lebhaften Badetrubel. Gleich nebenan liegt die feinsandige ▶▶ ==*Playa Parguito,*== zurzeit der angesagteste Strand der Insel mit [Insider Tipp] einer Reihe netter Restaurants. Wegen der teilweise hohen Brandung ist sie auch ein Lieblingsspot der Surferszene. Bei Puerto Fermín erstreckt sich die malerische *Playa El Tirano*, benannt nach dem Haudegen und zeitweiligen Inseltyrannen Lope de Aguirre. Über die *Playa El Cardón* und La Fuente geht es zurück nach Porlamar.

> VENEZUELAS GRÜNE RIVIERA

Seeräuberparadiese und Karneval,
Traumstrände, tierreiche Mangrovenwälder und tropische Urwälder

> Der Nordosten Venezuelas, eine Küstenlandschaft mit den Ausläufern der Küstenkordillere, entwickelt sich zum Dorado des nationalen und internationalen Tourismus. Kein Wunder: Buchten und Strände sind eingebettet in Palmenhaine und die üppige Vegetation der dunkelgrünen Sierra. Fischerdörfer reihen sich aneinander, verschlafene Kolonialstädte haben die Jahrhunderte überlebt, und im Nationalpark Mochima warten Seeräuberparadiese auf Entdecker. Das alles sowie eine immer bessere Infrastruktur locken Gäste an, die ihren karibischen Traum erleben wollen.

Von Caracas aus ist die Ferienregion über die Nationalstraße 9 in fünf Stunden zu erreichen. So sind denn auch an den Wochenenden die Strände oft von den *caraqueños* besetzt. Doch es ist Platz für alle da, besonders im „Barlovento" (wörtlich: dem Wind ausgesetzt), der flachen Küstenzone mit ihren alten Kakao-

Bild: Playa Colorada

DER NORDOSTEN

plantagen, und auf den vom Massentourismus noch nicht berührten Halbinseln Araya und Paria.

BARCELONA/ PUERTO LA CRUZ

[116 B3] Einst war Barcelona, die Hauptstadt des Bundesstaates Anzoátegui, die große Schwester des Fischerdorfs Puerto La Cruz; heute ist es genau umgekehrt. Schuld daran war, wieder einmal, das Öl. Von den Bohrstellen im Orinocodelta hatte man die Rohrleitung bis an die Küste bei Puerto La Cruz gelegt, das sich damals noch bescheiden Pozuelos (Brünnchen) nannte. Über Nacht wurde aus dem Nest ein quirliger Ölhafen.

Barcelona (350 000 Ew.) ist auf seine Altstadt stolz. Ihr Zentrum ist

BARCELONA/PUERTO LA CRUZ

die Plaza Boyacá, die von kolonialen Gebäuden und der Kathedrale San Cristóbal eingerahmt wird. Hier befindet sich auch das sehenswerte Museo Anzoátegui. Von der Plaza spaziert man über die Calle Maturín drei Blocks nach Norden und stößt auf die Plaza Bolívar sowie die Trümmer der Casa Fuerte, der Festung, die Schauplatz eines Gemetzels zwischen spanischen und aufständischen Truppen im Unabhängigkeitskrieg war.

Puerto La Cruz (250 000 Ew.) kann nicht mit historischen Baudenkmälern aufwarten. Dafür bietet es den Paseo Colón, eine neu angelegte, 2,5 km lange Flaniermeile unter Palmen am Meer, die erst nach Sonnenuntergang zu wahrem Leben erwacht. Zwischen Barcelona und Puerto La Cruz liegt das bessere Viertel Lecherías („Molkereien") mit der Felsnase *El Morro,* die dem nahe gelegenen Ferienkomplex mit dem Hotel La Aquavilla den Namen gegeben hat.

Am Paseo Colón in Puerto La Cruz, der (fast) autofreien Promenade

■ SEHENSWERTES

CASA FUERTE
Ruine von historischer Bedeutung in Barcelona. Hier leisteten Simón Bolívars Aufständische den spanischen Truppen erbitterten Widerstand. *Plaza Bolívar*

IGLESIA SAN CRISTÓBAL
Die Hauptkirche Barcelonas (18. Jh.) birgt die Reliquien eines italienischen Märtyrers. *Plaza Boyacá*

MUSEO DE LA TRADICIÓN
Mehrfach restauriertes Haus (das älteste in Barcelona, 1671 erbaut) mit schönem Innenhof, das eine regionalgeschichtliche Sammlung beherbergt – darunter lebensgroße Holzfiguren für Prozessionen. *Di–So 8–17 Uhr | Calle Juncal*

■ ESSEN & TRINKEN

EL MOROCO
Spanisches Restaurant im *tasca*-Stil. Spezialität sind Meeresfrüchte. *Av. 5 de Julio zwischen Buenos Aires und Maneiro | Puerto La Cruz | Tel. 0281/265 23 78 | €€*

EL RINCÓN DEL BUCANERO
Fisch- und Fleischspezialitäten zu erträglichen Preisen in einem lustig ausgestatteten, populären Lokal. *Pla-*

> *www.marcopolo.de/venezuela*

DER NORDOSTEN

za Bolívar | Puerto La Cruz | Tel. 0281/67 07 65 | €€

ÜBERNACHTEN

HOTEL GAETA

Das renovierte Mittelklassehotel ist zwar nicht besonders anspruchsvoll, hat aber für Gäste, die sich in den Straßentrubel stürzen wollen, den Standortvorteil seiner Lage direkt am turbulenten Paseo Colón. *38 Zi. | Paseo Coloón/Calle Maneiro | Tel. 0281/265 04 11 | Fax 265 00 65 | www.hotelgaeta.com.ve |* €€

MAREMARE MARINA Y SPA

Elegantes Luxusresort mit 491 Zimmern und einer riesigen Poolanlage, eigener Marina, 9-Loch-Golfplatz, Tennis- und Racketfeldern. *El Morro | Complejo Turístico Lecherías | Tel. 0281/500 15 00 | Fax 281 30 28 | www.maremares.com |* €€€

SPORT & STRÄNDE

Der Strand von Puerto La Cruz ist nicht besonders schön. Die besten Tauchgründe liegen an den Korallenriffen der Inseln *El Borracho* und *La Borracha* sowie der *Isla Chimana Segunda*. Taxiboote dorthin ab Paseo Colón.

AM ABEND

Ein Bummel über den ▶▶ *Paseo Colón* von Puerto La Cruz gehört zur Einstimmung. Dort liegen auch die Lokale für die Nachteulen. Konkurrenz bekommt der Paseo von der *Avenida Principal de Lechería*.

ZIELE IN DER UMGEBUNG

LOS ALTOS [116 C3]

Der Aussichtspunkt 25 km östlich von Puerto La Cruz liegt auf 900 m Höhe. Einen schöneren Blick über die Küste bis zur Insel Margarita findet man nirgendwo sonst. Ein Stück weiter östlich, 6,5 km hinter Santa Fe, erstreckt sich die Halbinsel Majagual. Zu ihr gehört die kleine, paradiesische Bungalowanlage *Villa Majagual (12 Hütten | Tel. 0293/808 31 47 |* €€€*)* inmitten üppiger tropischer Vegetation.

PARQUE NACIONAL MOCHIMA [116 B-C3]

Der Nationalpark 15 km östlich von Puerto La Cruz umfasst 950 km²

MARCO POLO HIGHLIGHTS

★ **Hacienda Bukare**
Familie Esser hat die Kakaoplantage restauriert und bietet Zimmer, Spaziergänge und Diners (Seite 58)

★ **Playa Medina**
Den schönsten Strand des Landes erreicht man am besten mit dem Boot von Río Caribe (Seite 59)

★ **Parque Nacional Mochima**
Schnorcheln, Delphine, einsame Strände: urtümliche Karibik (Seite 55)

★ **Cueva del Guácharo**
Tropfsteinhöhle mit Vögeln, die es nur hier gibt (Seite 62)

★ **Orinocodelta**
Ausflüge mit dem Einbaum oder Wanderungen durch den Dschungel (Seite 63)

BARCELONA/PUERTO LA CRUZ

Wasserfläche, Buchten und Inseln. Mit seinem kristallklaren Wasser, feinem weißem Sand und Schatten spendenden Kokospalmen und unter Wasser der faszinierenden Welt der Korallenriffe ist er von großer Anziehungskraft.

Die Inseln und Buchten um *Playa Las Maritas* und *Playa Blanca* sind die bevorzugten Ziele der Venezolaner. Die Inseln lassen sich von dem rustikalen Fischerdorf *Mochima* aus erreichen. Fischer bringen die Gäste zu einem Strand nach Wahl. Sie fahren auch gerne die sogenannte Delphintour, eine Rundtour, bei der in Begleitung von Delphinschwärmen große Teile des Nationalparks und einsame Strände besucht werden, inklusive eines Abstechers zu einer kleinen Statue der Seefahrermadonna Virgen del Valle, die auf einem Felsen das Meer bewacht.

Insider Tipp

Manche Strände sind bewirtschaftet, in den Strandkneipen kann man Liegestühle und Sonnenschirme mieten. Das ganze Gebiet wird von Schnorchlern hoch gelobt. Der schlichte Fischerort hat sich zu einer Alternative für diejenigen entwickelt, die Trubel nicht mögen. Wer in Mochima übernachten will, hat die Wahl zwischen einigen netten, einfachen Pensionen. Da ist zum Beispiel die kleine, sehr saubere *Posada Girasol (Av. Principal, gegenüber der Bootstankstelle | Tel. 0293/416 05 35 | €)*, geführt von der Schweizerin Brigitte, im hinteren Ortsbereich. Es werden auch Bootstouren zu den Inseln angeboten. Eine kleine, sehr einfache, aber nette Pension an der Av. Principal ist die *Posada La Estancia (Tel. 0293/416 25 87 | €)*. Ein wenig verschachtelt gebaut ist die *Posada Turística El Embajador (Av. Wolfgang Larrázabal | Tel. 0414/993 30 56 | €)* am Ortseingang mit zehn schlichten Zimmern, schöner Gemeinschaftsdachterrasse und freundlichen Besitzern, die auch Touren zu den Inselchen fahren. Sehr gut, wenn auch nicht ganz billig essen kann man mit Blick auf die Bucht von Mochima in dem traditionellen Restaurant *El Mochimero (Tel. 0414/884 65 16 | €€€)* in der Calle Marina. Die Spezialitäten des Hauses kommen, wie wäre es auch anders zu erwarten, aus dem Meer.

>LOW BUDGET

> Wer in Carúpano günstig frischen Fisch und Meeresgetier genießen möchte, der versucht bei José im Restaurant *El Chalet (Av. Libertad/ Calle Quebrada Honda | kein Tel.)* sein Glück. Außerhalb der Schonzeit gibt es auch Langusten.

> Direkt am Strand Playa Copey bei Carúpano liegt die familiäre, günstige *Posada Panda (Av. Principal Playa Copey | Tel. 0294/331 57 79)* mit gutem Restaurant und Pizzeria (deutschsprachig).

> Das Sport- und Jugendcamp *Jakera Camp (Tel. 0293/808 70 57)* an der Playa Colorada bietet günstige Unterkunft in Hängematten, Abenteuertouren und Wassersportmöglichkeiten wie Rafting oder Kajakfahren im Mochima-Nationalpark.

PLAYA COLORADA [116 C3]

Wer ist der schönste Strand im ganzen Land? Die 30 km östlich von

DER NORDOSTEN

Puerto la Cruz im Parque Nacional Mochima gelegene Playa Colorada hat sich auf alle Fälle ganz weit vorne platzieren können: Rosa Sand, Palmenkronen und ein leicht ansteigendes, subtropisches Hinterland sind ihre Trümpfe. Einige preiswerte und unkonventionelle Übernachtungsmöglichkeiten haben ihre Beliebtheit gesteigert. Stranderlebnis pur!

Übernachten können Sie in der *Posada Jaly (Av. Principal | Tel. 0416/681 81 13 | €)*, einer recht geräumigen, netten, kleinen Pension mit zwei Terrassen im Garten und Küchenbenutzung. Ähnlich lässige Atmosphäre herrscht auch gegenüber in der *Posada Rita (5 Zi. | Tel. 0414/803 01 01 | €)* mit Küchenbenutzung, Garten und Gemeinschaftsterrasse mit Hängematten.

CARÚPANO

[117 D2] Im ehemaligen Hauptanbaugebiet für Kakao und Kaffee, der Península de Paria, mit seinem wirtschaftlichen Zentrum Carúpano (180 000 Ew.) lohnen die Kolonialperle Río Caribe und der schönste Strand von Venezuela, die Playa Medina. Kontrastreichen Zauber bietet diese Region mit Kordillere und buchtenreicher Küste im Norden, mit weiten Savannen- und Flusslandschaften im Süden.

Das normalerweise beschauliche Carúpano verwandelt sich beim Karneval in einen Hexenkessel schwarzer Lebenslust. Die attraktivsten

In der Faschingszeit strömt halb Venezuela in die Karnevalhochburg Carúpano

CARÚPANO

Plätze von Carúpano sind die Meerespromenade und die sehr hübsche, ruhige *Plaza Santa Rosa de Lima*, an der die gleichnamige Kirche steht. Die Häuser um den Platz herum werden allmählich im Kolonialstil restauriert.

Wilfried Merle und sein „Proyecto Paria" sind in die *Casa del Cable (Mo–Fr 8–12 und 14–18 Uhr)* eingezogen, den Ort, in dem die erste Telefonverbindung zwischen Europa und Südamerika hergestellt wurde. Seine ökologischen Vorhaben auf der Halbinsel haben schon viel Ruhm geerntet. Darüber kann man sich im kolonialen Kabelhaus informieren, in dem auch Konzerte, Ausstellungen und andere kulturelle Veranstaltungen stattfinden.

■ SEHENSWERTES

MUSEO HISTÓRICO CARÚPANO
Kleine, nette Ausstellung zur interessanten Stadtgeschichte, viele Fotos. *Mo–Fr 8.30–12 und 14.30–18 Uhr | Plaza Santa Rosa de Lima*

■ ESSEN & TRINKEN

RESTAURANTE DHARMA *(Insider Tipp)*
Exquisite Köstlichkeiten aus aller Welt mit leicht orientalischem Einschlag, serviert von Dharma und seiner Familie. *Av. Independencia, Centro Comercial Tawil | Tel. 0294/ 332 28 83 | €€*

VILLA HERMUZ GOURMET CAFÉ
Interieur in einer Art karibischem Jugendstil. Es gibt leckeren Fisch, aber auch Salate und Snacks. *Centro Comercial Villa Hermuz | Plaza Santa Rosa de Lima | Tel. 0294/331 99 20 | €€*

■ EINKAUFEN

Der *Mercado Carúpano* ist eine Fundgrube für Liebhaber von Kakaokugeln und *empanadas*. Außerdem hat er den größten Fischmarkt der Region.

■ ÜBERNACHTEN

HOTEL EURO CARIBE
Gepflegt, funktional, großzügig geschnittene Zimmer. Das modernste und größte Hotel am Ort hat außerdem ein empfehlenswertes italienisches Restaurant und eine Bar. *90 Zi. | Av. Rómulo Gallegos | Tel. 0294/ 331 39 11 | Fax 331 36 51 | hoteleuro caribe@cantv.net | €€*

POSADA LA COLINA
Das Haus thront über der Stadt und hat einen herrlichen Ausblick, eine idyllische Terrasse sowie Bar und Restaurant mit regionaltypischer Küche. *17 Zi. | Calle Boyacá 51, Sector Tío Petro | Tel. 0294/332 05 27 | Fax 331 20 67 | posadalacolina@hot mail.com | €€*

POSADA NENA *(Insider Tipp)*
Bei der Playa Copey gelegene, sehr gemütliche und schön gestaltete *posada* von Volker und Minerva, Garten, Pool, Bar, Restaurant, Kinderspielplatz, Internetcafé und Reiseagentur (*www.parianatours.com*) mit Angeboten für Halbinseltouren. Sehr engagiert und gut informiert. *12 Zi. | Playa Copey | Tel./Fax 0294/ 331 72 97 | www.posadanena.com | €*

■ ZIELE IN DER UMGEBUNG

HACIENDA BUKARE ★ [117 D2]
Die ehemalige Hacienda liegt umgeben von Kakaoplantagen im Innern

> *www.marcopolo.de/venezuela*

DER NORDOSTEN

der Halbinsel 30 km östlich von Carúpano: Hier wird Kakao organisch angebaut. Kleines Kakaomuseum, Diners, bei denen die Schokolade zum Einsatz kommt, vier stilvolle Zimmer und ein Garten. Wer will, besucht auch die Plantagen. *Carretera Carúpano–Bohordal, Sector Chacaracual | Tel./Fax 0294/511 27 39 und 0414/777 11 47 | www.bukare.com |* €

PARQUE NACIONAL TURUÉPANO [117 D2-3]

Nur eine Fahrstunde von Carúpano, beim Fischerdorf Ajíes, kann man die einmalige Landschaft der Ausläufer des Orinocodeltas, des sogenannten kleinen Deltas, im Nationalpark Turuépano erleben. Entlang der mangrovengesäumten Wasserarme des Deltas, in Venezuela als *caños* bezeichnet, sind Süßwasserdelphine, Kaimane und unzählige Vogelarten zu Hause. Eine abenteuerliche Verbindung über den Golf von Paria ins eigentliche Orinocodelta existiert auch, Indianersiedlungen liegen auf dem Weg.

Für viele der schönste Strand im Land: die von Kokospalmen gesäumte Playa Medina

PLAYA MEDINA ★ [117 D2]

Der Weg ist von Río Caribe (18 km nordöstlich) aus ausgeschildert und schön, aber beschwerlich und am besten mit Allradantrieb zu bewältigen. Die Boote von Río Caribe aus halten auf Wunsch auch an anderen Stränden. An der Playa selbst, dem Palmensaum einer ehemaligen Kokosplantage und einem der schönsten Strände des Landes, bereiten zwei Frauen Essen zu und verkaufen Getränke und frische Kokosnüsse. Übernachtung in den acht puristisch gestylten, luftigen Bungalows *Cabañas Playa Medina (Tel. 0294/ 331 30 21, playamedina@cantv.net |* €€€*)* mit Terrassen zum Meer. Eigenes Restaurant. Nur nach Vorausbuchung!

PLAYA PUI PUY [117 D2]

Herrlicher breiter, offener Sandstrand gut 40 km nordöstlich von Carúpano mit recht bewegtem Meer. Gut für Windsurfer und Wellenreiter. Man kann in den 18 *Cabañas Playa Pui*

CARÚPANO

Puy (Tel. 0294/331 30 21, playamedina@cantv.net | €€) übernachten und sich verpflegen lassen. Einen Zeltplatz gibt es auch. Nur nach Vorausbuchung!

RÍO CARIBE [117 D2]
Das verträumte, kleine Fischerörtchen (14 000 Ew.) rund 20 km östlich von Carúpano hat seinen ganz besonderen Zauber. Früher ein Ort des Kakaobooms, werden heute die alten Kolonialhäuser restauriert, und vom malerischen Fischerhafen aus steuern Boote auf Wunsch die Playa Medina an. Río Caribe ist zum nationalen Kulturerbe erklärt worden. Übernachtung in den schönen Kolonialstil-*posadas*, der *Posada Caribana (11 Zi. | Av. Bermúdez 25 | Tel. 0294/416 57 38 | €€)* oder der *Posada Villa Antillana (5 Zi. | Calle Rivero 32 | Tel. 0294/646 14 13 | villaantillana@cantv.net | €)*. Noch preiswerter übernachtet man in der *Posada del Arlet (Calle 24 de Julio 22 | Tel./Fax 0294/646 12 90 | €)* mit acht zwar kleinen, aber blitzsauberen Zimmern.

Wasserbüffel fanden auf der Península Paria eine neue Heimat

WASSERBÜFFELHACIENDAS [117 D2]
Wilfried Merle und Claus Müller begannen ihr umweltpolitisches Engagement auf der Península Paria mit der Suche nach geeigneten Nutzungsmöglichkeiten für die weiten Feuchtsavannen im Süden. Sie siedelten Wasserbüffel an. Beide Haciendas (5 bzw. 20 km östlich von El Pilar) kann man nach Voranmeldung oder im Rahmen einer organisierten

> *www.marcopolo.de/venezuela*

DER NORDOSTEN

Tour besichtigen. Sie sind auch Gästehäuser (€€€). *Finca Vuelta Larga | 10 Zi. | Calle Bolívar 8 | Guaraúnos | Tel. 0294/666 90 52; Hacienda Río El Agua | Tunapuy, Sector Platanito | Tel. 0294/332 05 27*

CUMANÁ

[116 C3] In Cumaná (270 000 Ew.) geht es recht gemächlich zu. Wegen seiner strategischen Lage und der durch die Perlenfischerei angehäuften Schätze war Cumaná bevorzugtes Ziel der karibischen Freibeuter. Heute strahlt die Universitätsstadt jene Atmosphäre von Trägheit und Leidenschaft aus, die das Flair der Karibik ausmacht. Eine hübsche, kleine Altstadt und Sandstrände machen sie zu einem angenehmen Aufenthaltsort.

■ SEHENSWERTES
CASTILLO SAN ANTONIO
Die Festung aus dem 17. Jh. liegt am Rand des historischen Viertels, dessen Bausubstanz durch zahlreiche Erdbeben immer wieder zu leiden hatte. Der Blick von hier reicht bis hinüber zur Isla de Margarita. *Calle Sucre*

MUSEO SUCRE
Das gepflegte historische Museum im idyllischen Parque Ayacucho ist dem größten Sohn der Stadt gewidmet: Antonio José de Sucre (1795 bis 1830), dem Feldherrn und Gefährten Simón Bolívars. *Mo–Fr 9–12 und 15 bis 18 Uhr*

■ ESSEN & TRINKEN
EL COLMAO
Gutes Restaurant mit Paella und *conejo guisado* (geschmortem Kaninchen). *Calle Sucre/Plaza Pichincha | Tel. 0293/66 32 51 | €€*

LOS JARDINES DU SUCRE
Insider Tipp
Hervorragendes französisches Spezialitätenrestaurant mit frischen Tagesgerichten und ausgefallener Karte. *Calle Sucre 27 | Tel. 0293/431 36 89 | €€*

EL TIMONEL ▶▶
Fisch- und Meeresfrüchte in uriger Umgebung und mit Livemusik. *Av.*

▶ BLOGS & PODCASTS
Gute Tagebücher und Files im Internet

- *http://daniel-venezuela.blogspot. com* – Neuigkeiten und Fotos aus Venezuela (englisch)
- *http://venezuela21.twoday.net* – Reiseblog und -forum zu Venezuela, Infos über allgemeine Themen
- *www.surfmusik.de/land/venezuela. html* – Radiosender in Venezuela
- *www.podcast.de/sender/3064/ SWR2_-_Lateinamerika* – Entdeckungsreise in den faszinierenden Kontinent Südamerika
- *www.marcopolo.de/podcast/index. html* – In den MARCO POLO Podcast reinzuhören, lohnt sich eigentlich immer.

Für den Inhalt der Blogs & Podcasts übernimmt die MARCO POLO Redaktion keine Verantwortung.

CUMANÁ

Universidad, innerhalb der Aparthotelanlage San Luis | Tel. 0293/451 94 81 | €€

ÜBERNACHTEN

HOSTAL BUBULINA'S
Kleine, saubere und stimmungsvolle Pension im Kolonialstil mitten im historischen Zentrum. *12 Zi. | Callejón Santa Inés | Tel. 0293/431 40 25 | bubulinas10@hotmail.com | €€*

NUEVA TOLEDO
Ordentliches, funktionales Hotel einer spanischen Kette am Strand von Cumaná; es ist ein guter Ausgangspunkt zum Besuch des Parque Nacional Mochima. *180 Zi. | Av. Universidad | Sector Los Bordones | Tel. 0293/451 81 18 | Fax 451 99 74 | ventas@nuevatoledo.com | €€€*

POSADA SAN FRANCISO
Zwölf Zimmer in einem liebevoll renovierten Kolonialhaus mit gemütlicher Bar und Restaurant. *Calle Sucre 16 | Tel. 0293/431 39 26 | posada_francisco@cantv.net | €*

ZIELE IN DER UMGEBUNG
CUEVA DEL GUÁCHARO ★ [116 C3]
Die Tropfsteinhöhle der Ölvögel oder Fettschwalme *(guácharos)* rund 140 km südöstlich ist einen Tagesausflug wert. Alexander von Humboldt hat diese besondere Vogelart für die Alte Welt entdeckt. Der Talg der Vögel wurde einst von den heimischen Völ-

> BÜCHER & FILME
Thriller oder Reise-DVD: Spannung ist garantiert

> **Canaima** – Literarische Werke aus Venezuela sind bis auf wenige Ausnahmen zurzeit kaum ins Deutsche übersetzt. Von Rómulo Gallegos (1884-1969), dem „Klassiker" und 1947/48 Staatspräsident, liegt nur „Canaima", nicht aber das Nationalepos aus den Llanos, „Doña Bárbara", vor: die Geschichte einer Frau, die sich an den Männern rächt.

> **Arturo Uslar Pietri** – So heißt der seit Jahrzehnten politisch einflussreichste Gegenwartsautor Venezuelas, der mit herber Kritik an den Zuständen im Land nicht spart.

> **Papillon** – Der Film aus dem Jahr 1973 von Franklin J. Schaffner mit Steve McQueen und Dustin Hoffman in den Hauptrollen ist ein Gefangenendrama, in dem der Held am Ende sein Zuhause in Venezuela findet. Der Film basiert auf dem gleichnamigen Roman von Henri Charrière.

> **Venezuelas wilder Osten** – Die Halbinsel Paria mit Kakao- und Kaffeeplantagen, traumhaften Stränden und abenteuerlichem Dschungel ist Ausgangspunkt dieser Reise durch den „wilden Osten". Das Orinocodelta und der Nationalpark Canaima mit dem höchsten Wasserfall der Erde, dem Salto Angel, sind die Ziele dieser interaktiven Reise-DVD (2006, ca. 45 Min., Regie und Produktion: Samuel Elsässer). Animierte Landkarten und Reiserouten, aktuelle Infos zu Unterkünften, Preisen und Telefonnummern machen diese Scheibe zu einem wertvollen Bestandteil Ihrer Reisevorbereitung.

DER NORDOSTEN

kern als Lampenöl verwendet. Schon die Fahrt macht Spaß, kommt man doch durch eine attraktive, subtropische Pflanzenwelt. Der faszinierende Besuch der Höhlenwelt ist mit Führern möglich; man sollte feste Schuhe und Jeans anziehen, denn in der Höhle watet man durch Schlick und Kot der Vögel. In dem hübschen Örtchen San Agustín nahe der Höhle ist das familienbetriebene Restaurant *Mi Querencia (direkt neben der Polizei | kein Tel. | €)* ein wahrhafter Genuss.

PENÍNSULA ARAYA [116 C2]

Das Salzdepot Venezuelas ist ein Ort von bizarrer, einsamer und rauer Schönheit. Die orangefarbenen Salinen können vormittags besucht werden. Die Strände der Halbinsel werden bei Windsurfern immer beliebter. An der Westspitze legen am Hafen Araya mit der alten Festung zweimal täglich Fähren nach Cumaná ab. Es gibt einige kleine *posadas*.

ORINOCODELTA

[117 E–F 3–4] ★ Für einen Abstecher ins Orinocodelta sollten Sie sich schon ein paar Tage Zeit nehmen *(www.orinocodelta.info)*. Das Delta umfasst rund 40 000 km^2 – das entspricht fast der Fläche der gesamten Schweiz –, reicht 360 km von Süden nach Norden und wird aus 80 Flussarmen gebildet. Diese Sumpf- und Insellandschaft wird durch den *Parque Nacional Mariusa* geschützt. Ausgangspunkt für Deltatouren – z.B. in die Pfahlbautendörfer der Warao-Indianer – sind die Provinzhauptstadt *Tucupita* am Ende der Asphaltstraße und *Maturín*. Angebote für zwei Tage im Camp mit Besuchen bei den Warao, Einbaumausflügen, urigen Dschungelwanderungen und Tierbeobachtungen gibt es auch auf Margarita in den Reisebüros, z.B. bei *Skymar (Calle San Antonio | Quinta María | Altagracia | Isla de Margarita | Tel. 0295/416 90 01 | Fax 235 62 81 | www.skylimitvenezuela.com)*.

Schön angelegt mit 36 komfortablen Bungalows ist auch die *Orinocodelta Lodge (Tel. 0295/253 28 43 und 0414/789 83 43 | www.orinocodelta.com | €€€)*. Eine Attraktion neben vielen anderen: zur Dämmerstunde mit einem indianischen Einbaum zu den Stellen fahren, wo sich die Vögel in die Bäume betten.

Hier gehts zur Cueva del Guácharo

> HEISS UND KALT

Streifzüge durch die zerklüfteten Anden und die hitzeflirrenden Savannen des Hinterlandes

> Die kälteste und die heißeste Region Venezuelas liegen nur wenige Hundert Kilometer auseinander. Von der Wüste um Coro und der flimmernden Hitze über dem Maracaibosee bis in die eiskalte Welt der Sierra Nevada ist es nur ein Katzensprung. Der Parque Nacional Morrocoy mit seinen Riffen und Inseln ist ein Taucherparadies und Coro, eine der ältesten Städte auf dem Festland, eine architektonische Perle. Haben einem eben noch karibische Rhythmen in den Ohren geklungen, so wechselt die Szene radikal, wenn man die Sierra Nevada erreicht hat. Die Flötenmusik der Anden passt besser zu der rauen Bergwelt mit ihren Hochmooren, Gletschern und Gipfeln, die bis 5000 m ansteigen. Besucher begegnen einsamen, malerischen Dörfern und einer gepflegten Kulturlandschaft, in der sich Kaffee-, Tabak- und Obstplantagen mit Kartoffel- und Knoblauchfeldern abwechseln.

Bild: die Anden bei Mérida

DER WESTEN

CORO

[115 D2] **Jahrhunderte, so scheint es, hat diese Stadt (220 000 Ew.) im Schatten der Geschichte geschlummert.** Die Palais im niederländischen Kolonialstil scheinen immer noch darauf zu warten, dass die Pfeffersäcke zurückkehren, um den Handel wieder aufzunehmen. An ihrer Stelle kommen immer mehr Besucher, denn das leicht verschlafene, ewig heiße Coro ist von der Unesco in die Liste des Welterbes aufgenommen worden. Der Tourismus ist für dieses restaurierte Kleinod längst ein wichtiger Wirtschaftsfaktor.

SEHENSWERTES

STADTRUNDGANG ★

Alle Sehenswürdigkeiten liegen im historischen Zentrum dicht beieinander. Ausgangspunkt ist die *Plaza Bolívar* mit der massigen *Catedral Ba-*

CORO

sílica Menor, die eine Art Wehrkirche war und Schießscharten im Turm hat. Über den Paseo Alameda gelangt man zur *Plaza San Clemente* mit der *Capilla San Clemente* auf der einen und der *Kirche San Francisco* auf der anderen Seite. Die quer zum Paseo verlaufende Calle Zamora beherbergt mehrere schöne Gebäude und Museen, darunter die *Casa de las Ventanas de Hierro,* ein Barockpalais mit schmiedeeisernen Alkoven.

HISPANO'S GRILL
Freundliches spanisches Lokal mit regionalen und internationalen Leckereien. Gutes vom Grill. *Av. Los Médanos/Calle Agustín García, Tel. 0268/251 78 47* | €€

In Coros Calle Zamora reihen sich sehenswerte Museen und Palais aus der Kolonialzeit

RINCÓN DE CABURE
Hier gibt es typische Küche aus der Region: Ziegenfleisch und *arepas,* die aus ganzen Maiskörnern hergestellt werden. *Av. Los Médanos/ Av. Antonio Medina* | *Tel. 0268/ 251 70 13* | €€

ESSEN & TRINKEN
CAFÉ DE ANDRÉS ▶▶
In der Nähe des Flughafens, gegenüber vom Hotel Miranda Cumberland, befindet sich das lebhafte Café. Abends oft Livemusik. *Av. Miranda* | *Tel. 0414/737 15 97* | €€

EINKAUFEN
Läden für Kunsthandwerk sind zahlreich in der Stadt verstreut; einen kleinen *Kunsthandwerksmarkt* findet man an der Kreuzung Calle Zamora/Calle Ciencias. Hübsch ist *La Col-*

> www.marcopolo.de/venezuela

DER WESTEN

mena in der Calle Comercio: Der Innenhof des Kolonialgebäudes umgibt ein Restaurant. Coro ist bekannt für seine *dulce de leche*, eine süße Paste aus Karamellcreme; die beste bekommt man z. B. bei *Los Dulces de Katty* in der Calle Colón 10. Urige Geschäfte mit Kunstgewerbe gibt es auch im 12 km entfernten Fischerdorf *La Vela de Coro*.

■ ÜBERNACHTEN

MIRANDA CUMBERLAND

Renoviertes Hotel der Businessklasse, komfortabel, praktisch und ein wenig steril, wenn der Garten nicht wäre. *91 Zi. | Av. Josefa Camejo | Tel. 0268/252 33 44 | Fax 251 30 96 | €€*

POSADA LA CASA DE LOS PÁJAROS

Wer hier unterkommen will, braucht Glück, denn die *posada* in einem schön restaurierten Kolonialhaus hat nur fünf Zimmer. *Calle Monzón 74 | Tel. 0268/252 82 15 | €*

LA POSADA DEL GALLO

Diese von einem Basken geleitete *posada* verspricht Wohlbefinden und Familienanschluss. Einfache, gepflegte und saubere Zimmer in guter Lage zwischen Flughafen und historischem Zentrum, Tourangebote. *Calle Federación 26 | Tel. 0268/ 252 94 81 | posadadelgallo2001@ hotmail.com | €*

■ AM ABEND

In Coro werden gegen Mitternacht die Bürgersteige hochgeklappt. Am Wochenende trifft man sich auf der *plaza* oder im *Café Raduno (Paseo Talavera)*, tagsüber Café mit schöner Dachterrasse, abends Disko mit Latinorhythmen. Alternative ist die *Plaza Aquática (Av. Josefa Camejo)* in der Nähe des Flughafens: eine Schwimmbeckenanlage mit Restaurant, abends gut zum Draußensitzen.

■ ZIELE IN DER UMGEBUNG

LA GRANJA EL OJITO   [115 D2]

Kokosplantage am Sandstrand etwa 35 km von Coro mit Gästebetrieb. Die komfortablen Zimmer haben Terrassen mit Hängematten, Pool, Bar und gute regionale Küche. Dierk Demant veranstaltet auch Exkursionen in die Sierra San Luis und zum

MARCO POLO HIGHLIGHTS

★ Stadtrundgang
Die alte Kolonialstadt Coro zählt zum Unesco-Welterbe (Seite 65)

★ Parque Nacional Médanos de Coro
Einmalig in Venezuela: Wanderdünen (Seite 68)

★ Pico Espejo
Gipfelfeeling: die längste und höchste Seilbahn der Welt (Seite 75)

★ Hato El Cedral
Urlaub auf dem Bauernhof mit Kaimanen, Wasserschweinen und Papageien bei La Ye in den Weiten der Llanos (Seite 70)

★ Hotel Los Frailes
In der Bergwelt von Mérida am Río Santo Domingo: klösterlicher Purismus, zum vornehmen Hotel veredelt (Seite 74)

CORO

Parque Nacional Morrocoy. *10 Zi., Santo Tomás | Tocópero | Tel. 0268/ 774 10 50 | Fax 774 11 30 | www. granjaelojito.com | €€*

PARQUE NACIONAL MÉDANOS DE CORO ★ ☼ [114–115 C–D 1–2]

Diese Minisahara liegt am „Hals" der Península Paraguaná. Rostrote Wanderdünen, die der Wind immer wieder über die Straße schiebt, bauen sich bis zu der stattlichen Höhe von 25 m auf.

PARQUE NACIONAL MORROCOY [115 E2]

Mangrovenwälder, Austernbänke, Korallenriffe, Lagunen und Inseln – der 320 km² große Nationalpark, von Coro in zwei Autostunden zu erreichen, ist ein kleines karibisches Paradies aus Palmenhainen, Pudersand und türkisblauem Meer. Zu Ferienzeiten lockt er Heerscharen an, die ein paar Tage in der Natur verbringen, die Hängematte zwischen die Palmen spannen oder in Booten zwischen den *cayos* kreuzen. In *Chichiriviche* starten die Fischerboote ihren Taxiservice zu den Inselchen; übernachten kann man auf ihnen nur nach vorheriger Anmeldung bei der Parkverwaltung – besonders romantisch auf *Cayo Sombrero*. Die *cayos* sind tagsüber bewirtschaftet, Austern- und Muschelverkäufer ziehen die Strände entlang. Das Wasser ist meist seicht und warm. Skurril sieht *Cayo Pelón* aus: Kein bisschen Grün gedeiht auf dem Eiland.

In *Chichiriviche* hat man die Auswahl zwischen Hotels und einfachen *posadas*. Das *Gramimar Hotel (Sector Playa Norte | Las Tunitas | Tel. 0259/815 05 65 | www.gramimar. com.ve | €€)* hat ein gutes Preis-Leistungs-Verhältnis für ein sauberes, funktionales Hotel. Das Traditionsziel für deutsche Low-Budget-Rei-

Sanddünen Médanos de Coro: ein ungewöhnlicher Anblick in Venezuela

DER WESTEN

sende, die *Posada Alemania (Via Fábrica de Cemento | Tel./Fax 0259/ 416 07 01 | www.karibik-pur-venezuela.de | €)*, bietet sechs saubere, bequeme Zimmer, eine schöne Gemeinschaftsterrasse und Bootstransfer zu den *cayos*.

PENÍNSULA PARAGUANÁ [114–115 C–D1]
Über die Halbinsel weht ein beständiger trockener Wind; Kakteen und Dornbüsche bilden die karge Vegetation. Einige der halb verlassenen Weiler haben Wehrkirchen, und *Santa Ana* ist eine richtige kleine Dorfschönheit. Am Strand von *Adicora* 60 km nördlich von Coro gibt es zahlreiche *posadas*. Groß im Kommen auf der Halbinsel ist Kitesurfen. Einer der Kitesurfcracks, Carlos Cornieles *(Adicorakitesurf | Av. Principal | Playa Sur | Tel. 0414/697 54 57 | €)*, vermietet in seiner einfachen Posada direkt am kilometerlangen, windigen Strand sechs Zimmer und gibt Unterricht.

SIERRA SAN LUIS [115 D2]
Dass der heiße Bundesstaat Falcón auch seine kühlen Seiten hat, beweist die Sierra San Luis 60 km südlich von Coro mit ihrem *Parque Nacional Juan Crisóstomo Falcón*. Seine Gipfel erreichen immerhin 900 m. Dort wird auch Kaffee angebaut. Durch die dicht bewaldete Sierra mit ihren kleinen kolonialen Dörfchen führt ein alter Handelsweg der Spanier. Der aus Kalkstein gebildete Sockel der Sierra überwölbt einen riesigen unterirdischen See. Hier kann man schön durch Schluchten und Höhlen wandern.

LLANOS
[114–115 C–F 4–6] „Der einförmige Anblick dieser Steppen hat etwas Großartiges, aber auch etwas Trauriges und Niedergeschlagenes. Es ist, als ob die ganze Natur erstarrt wäre", notierte Alexander von Humboldt. Die Llanos: ein Landmeer, über dem sich der Himmel wie eine Glocke bis zum tiefen Horizont wölbt. Bei jedem, der diese Urlandschaft bereist, hinterlässt ihre seltsame Schönheit einen tiefen Eindruck.

Um in die Llanos vorzudringen, braucht man Zeit und Zähigkeit, Eigenschaften, die *llaneros* zur Genüge besitzen. Je nachdem, zu welcher Jahreszeit man aufbricht, findet man entweder – von Dezember bis April – eine trockene Steppe mit Sümpfen und Lagunen vor, an denen sich Vögel, Krokodile und Wasserschweine drängen, oder – von Mai bis Oktober – eine Seenplatte, die nicht zu enden

LLANOS

scheint. Mitten darin, wie Halligen im Meer, die *hatos* (Viehfarmen) mit ihren Gattern und Ställen.

Die wenigen Städte in den Llanos wirken wie Kulissen für Wildwestfilme. Kaum jemand erwartet hier ausländische Touristen. Aber ein Dutzend Viehfarmen – einige davon so groß wie europäische Provinzen und mit eigenem Flugfeld – haben sich auf Tourismus eingestellt und bieten „Ferien auf dem Bauernhof" an, von denen alle Naturliebhaber, Vogelkundler, Reiter und Fotografen noch lange träumen werden.

gung und Ausflüge (zweisprachige Führungen) auf ihrem Gelände an. Wenn der Wasserstand es erlaubt (Mai–Oktober), fährt man mit dem Boot, um Kaimane und Vögel zu beobachten. Ansonsten ist man zweimal täglich mit dem Jeep zu Tierbeobachtungsexkursionen unterwegs. Veranstaltet werden auch Nachtfahr-

Zur Ökotourismusranch Hato El Frío gehört auch eine Aufzuchtstation für Orinocokaimane

ten. Unterbringung in komfortablen, großen Zimmern, Pool, eigener Flugplatz, Abholung von Barinas aus möglich. Buchung: *Hato El Cedral | Av. la Salle | 5. Stock | Los Caobos | Caracas | Tel. 0212/781 89 95 | www.elcedral.com | €€€*

HATO EL CEDRAL ★ [115 D5]

Die 530 km² große Viehfarm liegt zwischen La Ye und Elorza und bietet nach Vorausbuchung Unterbrin-

HATO EL FRÍO [115 D5]

Die Viehfarm (mit biologischer Forschungsstation) von 800 km² Größe

> www.marcopolo.de/venezuela

DER WESTEN

mit eigener Flugpiste und rund 40 000 Rindern liegt an der Ruta 19 westlich von Apurito. Neben unzähligen Vogelarten leben auch Kaimane und Wasserschweine in dem riesigen Areal. Wie auf allen *hatos* stehen Pferde, Boote und Jeeps für Erkundungen bereit. *25 Zi. | Tel. 0240/ 808 10 04 und 0416/540 94 20 | www.elfrioeb.com | €€€*

MARACAIBO

[114 B2] Die Einfahrt in diese Metropole (3 Mio. Ew.) führt auf einer 9 km langen Brücke, dem ☆ Puente General Rafael Urdaneta, über den bleigrauen Maracaibosee, der eigentlich eine Meeresbucht von 155 km Länge und 120 km Breite ist. In den Zwanzigerjahren des 20. Jhs. wurden unter dem See riesige Erdölvorkommen entdeckt. Maracaibo verwandelte sich von einem verschlafenen Nest in eine neureiche Wildweststadt.

■ SEHENSWERTES

ALTSTADT
Am *Paseo de las Ciencias* liegen die drei ältesten Gebäude der Stadt: die *Kathedrale*, der *Gouverneurspalast* und die *Casa de Morales*, allesamt Beispiele für den klassizistischen Stil des 19. Jhs. Unweit des Paseo befindet sich die *Basílica de la Chiquinquirá*, der Stadtheiligen geweiht, in Laufnähe das malerische Santa-Lucia-Viertel mit bunt restaurierten Kolonialhäusern.

■ ESSEN & TRINKEN

MI VAQUITA
Parrillada im rustikalen *estancia*-Stil. Saftige Steaks, Salatbuffet. *Av. 3 No. 76–22 | Tel. 0261/791 19 90 | €€*

EL ZAGUÁN
Mitten in der Altstadt unter Bäumen sitzen oder im klimatisierten Gastraum – das Lokal ist *der* Treffpunkt der Stadt. *Calle La Tradición No. 6–15 | Tel. 0261/723 10 83 | €€*

■ ÜBERNACHTEN

HOTEL DEL LAGO INTERCONTINENTAL ☆
Das Luxushotel mit allem Komfort liegt am Seeufer abseits vom Stadtkern. *375 Zi. | Av. 2/Calle 70 | Tel. 0261/792 42 22 | Fax 793 03 92 | €€€*

KRISTOFF ☆
Bungalows und große Zimmer, Pool, Restaurant, Disko; preiswert und freundlicher Service. *109 Zi. | Av. 8/ Calle 68–69 | Tel. 0261/796 10 00 | Fax 798 07 96 | €€€*

> LOW BUDGET

› Einen tollen Ausflug ins malerische Andendörfchen *Los Nevados* kann man günstig selbst organisieren: Sie fahren mit der Seilbahn zur Station Loma Redonda; dort werden für nur rund 5 Euro Maultiere angeboten, die bereit sind, den fünfstündigen Treck nach Los Nevados auf sich zu nehmen.

› Günstige Unterkunft und jede Menge Tipps, Tourangebote und Wäschereiservice finden Sie beim deutschsprachigen Ricardo in der *Posada Alemania* (Av. 2/Calle 18 | Tel. 0274/ 252 40 67 | www.posada-alemania. com) in Mérida.

› Typisches, sehr einfaches Essen in großen Mengen zu kleinen Preisen bekommen Sie im Restaurant *Juan Arepa* (Calle 20 zwischen Av. 4 und 5 | Tel. 0274/252 44 59) in Mérida.

MÉRIDA

MÉRIDA

[114 B4] Das Flugzeug scheint mit seinen Tragflächen die Felsen zu berühren und landet in einem engen Tal auf dem „Dach Venezuelas". Die Luft ist kühl und rein, und bei klarer Sicht sind im Süden die Gipfel der „fünf weißen Adler" zu erkennen. Mérida (230 000 Ew.), die Andenmetropole in 1635 m Höhe, ist eine hübsche Stadt des immerwährenden Frühlings. Sie beherbergt die zweitälteste Universität des Landes, 1785 gegründet. Das studentische Leben gibt Mérida ein fröhliches Ambiente. Die Stadt ist ein ausgezeichneter Standort für Ausflüge in das unbekannte Venezuela: das Gebirge.

Plaza Bolívar: Natürlich hat auch Mérida sein Denkmal des Unabhängigkeitskämpfers

■ SEHENSWERTES

ALTSTADT

An der *Plaza Bolívar* mit dem Reiterstandbild des Befreiers liegen *Kathedrale, Bischofspalast* und *Rathaus,* alle drei aus dem 19. Jh. In diesem Geviert finden sich auch gut erhaltene Patiohäuser aus der Kolonialzeit.

MUSEO ARQUEOLÓGICO

Schmuck, Töpferwaren und Fetische aus präkolumbischer Zeit. Die Ausstellung wird von der Universität betreut. *Mo–Sa 8–12 und 14.30–17.30, So 8–12 Uhr | Av. 3/Calle 23*

■ ESSEN & TRINKEN

CYBER CAFÉ LA ABADÍA

Was als Internetcafé begann, ist jetzt ein attraktives Café im Kolonialstil mit Openairterrasse, abends besonders nett. Bistrogerichte, Säfte und Wein. *Av. 3 zwischen Calle 17 und 18 | Tel. 0274/251 09 33 | €*

LA CASA DEL SALMÓN

Hochklassiges Restaurant mit Spezialitäten rund um den Lachs *(salmón),* aber auch einem abwechslungsreichen Angebot diverser Leckereien. *Av. Alberto Carnevali, Centro Comercial La Hechicera | Tel. 0274/244 54 02 | €€*

DELICIAS MEXICANAS

Neues, familiäres mexikanisches Restaurant, der freundliche Besitzer Tito Ramos bedient seine Gäste selber. *Calle 25 zwischen Av. 7 und 8 | Tel. 0274/252 86 77 | €€*

> www.marcopolo.de/venezuela

DER WESTEN

HELADERÍA COROMOTO
Die Eisdiele ist wegen der Riesenauswahl an Geschmacksrichtungen (z.B. Eis mit Lachsgeschmack) im Guinnessbuch der Rekorde zu finden. *Av. Independencia No. 28/ Calle 29*

CAFÉ MOGAMBO
Gemütliches Café und Bistro, manchmal mit Livejazz. Nur abends geöffnet. *Av. 4/Calle 29 | Tel. 0274/ 252 56 43 | €€*

LOS TEJADOS DE CHAPOPO
Forelle blau und andere Gerichte der Anden in einem etwas aufgemotzten touristischen Ambiente. Das Essen ist aber sehr gut. *Av. Chorros de Milla | Tel. 0274/244 04 30 | €€*

■ EINKAUFEN
Der *Mercado Principal (Av. Las Américas)* bietet neben viel Kunstgewerbe und lokalen Spezialitäten im ersten Stock ein Restaurant, in dem andentypisches Essen in guter Qualität serviert wird, z.B. die Frühstückssuppe *pisca* aus Kartoffeln, Eiern und Milch, geräucherter Käse oder hausgemachter Brombeersaft.

■ ÜBERNACHTEN
HOTEL BELENSATE
Sehr geräumiges, ruhiges, außerhalb gelegenes Hotel mit Bungalows im Garten und Pool, stimmungsvoll im spanischen Kolonialstil. *90 Zi. | Urbanización La Hacienda | Tel. 0274/ 266 37 22 | Fax 266 37 26 | belensate @telcel.net.ve | €€*

LOS BUCARES
Gut gelegene Pension mit 16 sauberen Zimmern. Café, zwei Patios, freundlicher Service. *Av. 4/Calle 15 | Tel. 0274/251 05 66 | www.losbucares.com | €*

POSADA CASA SOL
Sehr gemütliche Kolonialstilpension mit kleinem, stimmungsvollem Gartenpatio und Restaurant. *14 Zi. | Av. 4 zwischen Calle 15 und 16 | Tel. 0274/ 252 41 64 | Fax 252 40 75 | www.posadacasasol.com | €–€€*

■ FREIZEIT & SPORT
Abgesehen von den zahlreichen Wandermöglichkeiten offeriert die Stadt Sprachkurse, Unterricht im Paragliding, Canyoning, Fahrradtouren und Raftingausflüge. Die Esoterikszene hat sich in dem Dörfchen *La Azulita* eingerichtet; dort wird auch Vogelbeobachtung angeboten.

■ AM ABEND
BANANA'S ▶▶
Der angesagteste Laden zurzeit in Mérida, Musik für jeden Geschmack, exquisite Cocktails, Treffpunkt für Leute jeden Alters. *Av. 5 zwischen Calle 19 und 20, Centro Comercial Mediterráneo*

EL BODEGÓN DE PANCHO
Großer Zirkus mit Salsa, Merengue und südamerikanischen Rhythmen sowie nordamerikanischer Popmusik. Hält sich seit Jahren. *Centro Comercial Mamayeya | Av. Las Américas*

CUCARACHA
Hier geht es ruhiger und gelegentlich auch mal klassisch zu. Außerdem gibt es gute Weine. *Centro Comercial Alto Prado, Av. Los Próceres*

MÉRIDA

EL HOYO DEL QUEQUE ▶▶
Studentenkneipe mit super Ambiente. *Av. 4/Calle 19*

AUSKUNFT

CORMETUR
Av. Urdaneta/Calle 45 (neben dem Flughafen) | Tel. 0800/637 43 00 | Fax 0274/263 27 82 | www.andes.net, www.merida.com.ve

ZIELE IN DER UMGEBUNG

HACIENDA LA VICTORIA [114 B4] *Insider Tipp*
Unterhaltsames Kaffeefreilichtmuseum in einer rekonstruierten Hacienda in *Santa Cruz de Mora* 60 km südwestlich von Mérida.

HOTEL LOS FRAILES ★ [114 C4]
Ein Foto dieses ehemaligen Klosters (17. Jh.) 75 km nordwestlich von Mérida in der romantischen Bergwelt am Río Santo Domingo findet sich in fast jedem Bildband über Venezuela. In komfortabler Hüttenatmosphäre am offenen Kamin und mit einem guten alten Rum im Glas lässt es sich vortrefflich relaxen. *Santo Domingo | Carretera Nacional Mérida–Barinas | Tel. 0274/263 95 80 und 417 34 40 | €€€*

JAJÍ [114 B4]
In dem urigen Andendorf 40 km nordwestlich finden sich einige *artesanía*-Läden; geräucherte Forellen und Hüttenkäse gibt es auch. Der schön im Kolonialstil restaurierte Ort wird von vielen Veranstaltern angesteuert.

PARQUE NACIONAL SIERRA NEVADA [114 B–C4]
Den Nationalpark mit über 200 Gletscherseen, Hochmooren und den für die venezolanischen Anden typischen, elegisch-kargen Hochebenen, den so genannten *páramos*, erkundet man am besten über den Eingang bei *Apartaderos*. Gleich gegenüber liegt die verwunschene *Laguna Mucubají*; von dort führen kürzere Wanderwege ins Innere. Ein authentischer Standort für Gebirgswanderungen ist die

Das Andendorf Jají – schön zum Einkaufen – liegt nordwestlich von Mérida

DER WESTEN

Posada Llano del Trigo (Gavidea | Tel. 0274/262 29 92 | Buchung über Revistravel im Flughafen von Mérida | Tel. 0274/263 18 79 | www.revistravel.com | €), eine bäuerliche Exacienda mitten in den Anden, umgeben von Kartoffel-, Knoblauch- und Blumenfeldern auf 3000 m Höhe.

PICO ESPEJO ★ [114 B4]

Höhepunkt eines jeden Besuchs in Mérida ist es, mit der längsten Seilbahn der Welt (12,5 km) auf den 4765 m hohen Hausberg Pico Espejo zu fahren und dabei in vier Etappen einen Höhenunterschied von 3100 m zu überwinden. Ganz oben wird man, soweit die Wolken es zulassen, mit einem majestätischen Rundblick über die Sierra belohnt. Die Talstation der Seilbahn liegt am *Parque de las Heroínas* fünf Minuten vom Zentrum. Wegen der starken Nebelbildung, die meist gegen Mittag einsetzt, sollten Sie so früh wie möglich hinauffahren. Ratsam sind Akklimatisierungspausen, da der Höhenunterschied den Kreislauf stark beansprucht.

TABAY [114 B4]

Der kleine Andenort Tabay nur 20 Minuten außerhalb von Mérida bietet sich als idealer Ausgangspunkt für Touren in die Hochgebirgswelt an. Der Zugang bei La Mucuy zum nahen Nationalpark Sierra Nevada ist einfach mit öffentlichen Verkehrsmitteln ab Tabay erreichbar. Hier beginnen zahlreiche Wanderwege, hier ist der Startpunkt für Bergtouren auf den Pico Humboldt und den Pico Bolívar. Im Park kann man bei Wanderungen die Vegetationswechsel vom subtropischen Nebelwald bis zur *páramo*-Vegetation im Hochgebirge mit Grasland und Hochmooren bestens verfolgen. Als Standort im rustikalen Stil empfiehlt sich die günstige und sehr schöne Anlage *Posada Casa Vieja* (Transandina | San Rafael [Insider Tipp]

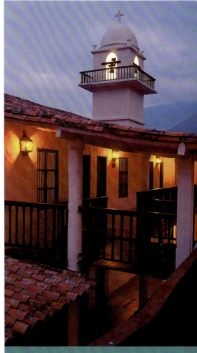

Stilvoll übernachten Sie im Hotel Los Frailes, einem einstigen Kloster

de Tabay | Tel. 0274/417 14 89 und 0414/374 83 34 | www.casa-vieja-merida.com | €) der deutschsprachigen Alejandra. Hier erhalten Sie jede Menge Informationen, und täglich werden Exkursionen organisiert. Außerdem gutes Essen und Wäscheservice.

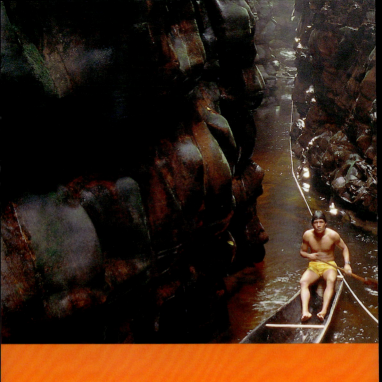

> MYTHEN UND MONSTER

Tafelberge in „verlorener Welt"
und Camps am Rand der Zivilisation

> Venezuelas Süden ist eine Herausforderung für abenteuerlustige Reisende. Einige der größten Attraktionen des Landes verbergen sich in einem Gebiet von schier endloser Ausdehnung, das der Orinoco durchströmt.

Das an den Nachbarstaat Guyana grenzende Guayana, die Südostregion Venezuelas, umfasst rund die Hälfte des gesamten venezolanischen Territoriums. In dem riesigen Gebiet, zu dem das tropische Tiefland südlich des Orinocostroms und die geheimnisvollen Tafelberge der Gran Sabana zählen, leben aber nur 2 Mio. Menschen; etwa 100 000 von ihnen gehören den Indianervölkern der Pemones und Warao an. Der 30 000 km^2 große Parque Nacional Canaima schützt diese einzigartige Landschaft. Höhepunkte sind Canaima mit dem höchsten Wasserfall der Welt, dem Salto Angel, und weite Teile der Gran Sabana.

Bild: Kavac-Schlucht

DER SÜDEN

Keine andere Region des Landes ist so reich an Bodenschätzen (Eisenerz, Bauxit, Gold, Diamanten). Das Gold lockte bis ins 18. Jh. viele Abenteurer, die dem Ruf des sagenhaften Dorado folgten. Einer von ihnen war der legendäre englische Edelpirat Sir Walter Raleigh, der Königin Elisabeth I. die Eroberung und Besetzung Guayanas mit dem Argument schmackhaft machen wollte, dass „die Heerführer und Machthaber, die nach Ehre und Ruhm trachten, sehr reiche und schöne Städte und mehr mit goldenen Bildnissen geschmückte Tempel finden werden als Cortés in Mexiko oder Pizarro in Peru".

Raleighs Behauptung, es gebe in jener Gegend große Goldvorkommen und ganze Berge von Edelsteinen, war so verkehrt nicht – nur schlummerten derlei Schätze noch im Schoß der Natur und hingen nicht

CIUDAD BOLÍVAR

als Beute in Tempeln und Palästen. Und die Ureinwohner des Orinocodeltas wie der Savannen im Süden waren anders als die Inka und die Azteken keine Ackerbauern mit einer ausgeprägten Hochkultur, sondern geologisch sehr alte (vor rund 1,7 Mia. Jahren entstandene) Berge, Granittafeln aus dem Präkambrium mit einer endemischen, also weltweit nur hier anzutreffenden Flora und Fauna.

Farbenfrohe Kolonialarchitektur im Zentrum von Ciudad Bolívar

Jäger und Sammler, und sie sind es noch heute.

Ein anderer, literarischer Mythos hatte lange Zeit die geheimnisvollen Tafelberge, die *tepuis,* der Gran Sabana (Große Savanne) umwoben. Sir Arthur Conan Doyle, der den Meisterdetektiv Sherlock Holmes ins Leben rief, fabulierte 1912 von einer „verlorenen Welt" mit lebenden Sauriern, die sich auf den umwölkten Tafelbergen bis in unsere Tage gehalten hätten. Auch darin steckt ein Körnchen Wahrheit, denn die *tepuis* sind

CIUDAD BOLÍVAR

[116 C4–5] ★ Das ehemalige Angostura (Flussenge), 1764 gegründet, ist ein heißer, geschichtsbeladener Ort am unteren Orinoco, der sich hier auf 300 m verengt. Obwohl Ciudad Bolívar (352 000 Ew.) inzwischen sehr gewachsen ist, schlägt in der Stadt am Strom immer noch der gemächliche Puls jener Zeit, als die transozeanischen Frachtsegler dort festmachten; der Vorpos-

> *www.marcopolo.de/venezuela*

DER SÜDEN

ten Spaniens war ein bedeutender Handelsplatz.

Ciudad Bolívar – zu Ehren des Befreiers 1846 so umbenannt – liegt malerisch auf einer granitenen Schulter am Südufer des Orinoco, den hier seit 1967 eine große Hängebrücke überspannt, der *Puente Angostura* (1,6 km Spannweite, 57 m Höhe). Seit im kolonialen Kern ordentlich restauriert wurde, erstrahlen die Häuser in kräftigen Pastellfarben. Das hat auch die Unesco beeindruckt: Ciudad Bolívar trägt das Prädikat Welterbe, das dritte, das sich Venezuela neben Coro und dem Parque Nacional Canaima verdient hat.

SEHENSWERTES

CASA DEL CONGRESO DE ANGOSTURA
In dem neoklassizistischen Bau tagte 1819 der Kongress von Angostura. Hier hielt Simón Bolívar seine berühmte Rede auf Großkolumbien. Das Haus ist voll mit historischen Dokumenten aus den Unabhängigkeitskriegen. *Di–Sa 8.30–12 und 14.30 bis 17.30, So 9–12 Uhr | Plaza Bolívar*

MUSEO DE ARTE MODERNO
Moderne, geschmackvolle Galerie, die dem Kinetikkünstler und Sohn der Stadt Jesús Soto gewidmet ist, aber auch Werke anderer Künstler der Moderne zeigt. *Di–Fr 9–17, Sa/So 10–17 Uhr | Av. Germania/Av. Maracay*

ESSEN & TRINKEN

CLUB CAMPESTRE LOS CAOBOS
Im Wohnviertel der Stadt gelegene *parrillada*, die Fleischportionen sind der Viehzüchtergegend angepasst. *Av. Upata | Tel. 0285/632 20 34 | €€*

TIJUANA'S PUB AND BAR
Mexikanische Spezialitäten und hauchdünne Pizza aus dem Holzofen. Mit großer Terrasse. *Centro Comercial Meneses, Paseo Meneses | Tel. 0285/632 20 97 | €€*

EINKAUFEN

Ein Spaziergang über den *Paseo Orinoco* führt an alten Kontoren vorbei, in denen Souvenirs wie Hängematten oder echter Indianerschmuck auf Käufer warten.

ÜBERNACHTEN

POSADA ANGOSTURA
Acht großzügige Zimmer, hübsch mit Kunstgewerbe dekoriert, in einem restaurierten Kolonialhaus mit Patio und Terrasse mit Orinocoblick, auf der das Essen serviert wird. *Calle Boyacá | Buchung über Cacaotravel | Tel./Fax 0212/977 12 34 | €€*

MARCO POLO HIGHLIGHTS

★ Salto Angel
Der höchste Wasserfall der Welt – ein einmaliges Erlebnis (Seite 84)

★ Ciudad Bolívar
Stimmungsvolle Kolonialstadt am träge fließenden Orinoco (Seite 78)

★ Parque Nacional Canaima
Dschungeltouren durch diese geheimnisvolle Welt voller Tafelberge, grandioser Wasserfälle und schöner Flüsse sind ein Highlight jeder Venezuelareise (Seite 83)

GRAN SABANA/SANTA ELENA

POSADA LA CASITA
Die von Peter und Maria Rothfuss geführte, im Grünen gelegene, gepflegte Posada bietet 14 sehr freundliche Zimmer bzw. Bungalows, gutes Essen, Swimmingpool und Minizoo sowie einen kostenlosen Abholdienst. Peter organisiert mit Gekkotours eigene Touren nach Canaima, zum Río Caura sowie auf den Auyán Tepui. *Urbanización 2 de Julio | Tel. 0414/854 51 46 und 0285/617 08 32 | www.posada-la-casita.com | €*

POSADA DON CARLOS
Unkonventionelle Unterkunft in einem Kolonialstilgebäude mit Patio; Frühstücksbar, Aufenthaltsraum, Bibliothek und Reiseagentur. *15 Zi. | Calle Boyacá 26 | Tel. 0285/632 60 17 | €*

■ AUSKUNFT
CIRCUITO TROPICAL
Im Büro von Gekkotours CA am Flughafen | Tel. 0285/632 32 23

■ ZIEL IN DER UMGEBUNG
PARQUE LA LLOVIZNA   [117 D4]
Der Río Caroní, der sich knapp 100 km flussabwärts bei Ciudad Guayana mit dem Orinoco vereinigt, schlägt hier Purzelbäume und verursacht mitten in einem üppigen tropischen Ambiente Dauersprühregen (spanisch *llovizna*). Die farbenprächtigen Katarakte liegen in einem Naturpark, den die Stromgesellschaft Edelca verwaltet. *Di–So 9–16 Uhr, Av. Leopoldo Sucre Figarela*

GRAN SABANA/ SANTA ELENA DE UAIRÉN

[119 F3] **Die große Savanne, La Gran Sabana, mit ihren sanft hügeligen Weiten, den Palmhainen und den plötzlich aufragenden Tafelbergen hat einen einzigartigen, archaischen Reiz.** Als Teil des Parque Nacional Canaima gehört sie den Pemones-Indianern, die sie als Einzige bewirtschaften dürfen. Eine Ausnahme bildet *Santa Elena de Uairén* (18 000 Ew.), das sich bereits außerhalb des Nationalparks befindet. Der Ort an der Grenze zu Brasilien entwickelt sich immer mehr zum Treff der Traveller, die durch die Gran Sabana und nach Brasilien reisen. Der Ort ist et-

> LOW BUDGET

> Spannende Geschichten und viele Informationen über den unentdeckten Süden von Venezuela können Sie in der 🔊 *Posada Casa Lobo (Villa Africana, Calle Zambia 2 | Tel. 0286/961 62 86 und 0414/871 93 39 | €)* in Puerto Ordaz hören, der rustikalen, sehr familiären *posada* von Wolfgang „El Lobo" Loffler. Er bietet u. a. auch individuelle Angeltouren auf den Guristausee an.

> Ein preiswertes Vergnügen ist die Orinocofähre von Ciudad Bolívar nach Soledad mit Blick auf die berühmte Angostura-Brücke. Die Linienboote fahren direkt am Paseo Orinoco/ Puerto Blom im Fünfminutentakt ab und legen am gegenüberliegenden Ufer bei Soledad im Bundesstaat Anzoátegui an. Dort kann man dann ein kaltes Bier oder einen Kaffee mit Blick auf den Orinoco genießen.

DER SÜDEN

was rau mit Goldgräberflair, aber viele Ziele in der Gran Sabana lassen sich von hier aus gut erreichen.

Eine entsprechende Infrastruktur versorgt Gäste nicht nur mit Taschenlampen, Rum, Gummistiefeln etc., sondern auch mit den leckeren *empa-*

ZIELE IN DER UMGEBUNG

EL PAUJÍ [119 F3]

Die ehemalige Aussteigeridylle El Paují wird von Santa Elena de Uairén aus täglich mit Geländefahrzeugen angesteuert, die weiter in das Goldgräbergebiet nach Icabarú an der

Naturnahe Unterkunft: Campamento Ya-Koo in Santa Elena de Uairén

nadas der beliebten Bäckerei *Rico Pan* und mit guten, preiswerten Unterkünften wie dem Hotel *Michelle (20 Zi. | Tel. 0289/995 14 15 | €)*, sauber und zentral gelegen. Auch das geschmackvoll eingerichtete, gut geführte *Campamento Ya-Koo (14 Zi. | Tel. 0289/ 995 13 32 | www.ya-koo.com | €€)* und die sehr guten, freundlichen *Cabañas Friedenau (7 Zi., 6 Bungalows | Tel. 0289/995 13 53 | €€)* sind zu empfehlen.

Grenze zu Brasilien fahren. Die Strecke ist abenteuerlich! Dafür geht es im *Campamento Cantarana (nur zwischen 13 und 17 Uhr über Satellitentel. 0415/212 00 62 zu erreichen oder Nachricht im Ya-Koo hinterlassen | €€)* mit sechs einfachen und geräumigen Zimmern sehr friedlich zu – ein gutes Camp für Gäste mit Gemeinschaftssinn. Es liegt eine Autostunde von El Paují entfernt und ist umgeben von einem großen Garten

OBERER ORINOCO

mit einem Wasserfall in Laufnähe. Auf dem Programm stehen viele kürzere Ausflüge, mehrtägige Wanderungen und Besuche bei Goldgräbern.

QUEBRADA DE JASPE [119 F3]

Buchstäblich ein Juwel, ein Wasserfall nämlich, der über rotbraun schimmernde Stufen aus edlem Jaspisstein sprudelt und einen märchenhaften Anblick bietet. Der Wasserfall liegt wenige Hundert Meter östlich der Ruta 10 bei km 290 im Dschungel, rund 16 km südlich des Weilers *San Ignacio*.

TEPUI DE RORAIMA [119 F2]

Die Besteigung des Roraima, des höchsten Berges der Region – sein Gipfel, 2810 m hoch, liegt genau auf dem Dreiländereck Venezuela/Guyana/Brasilien – gehört zu den Höhepunkten einer Gran-Sabana-Reise, ist allerdings nur mit Führung möglich – und auch nur für erfahrene Trekker. Der Deutsche Eric Buschbell organisiert u. a. Roraima-Touren: *Backpacker Tours | Tel./Fax 0289/995 15 24 und Tel. 0414/886 72 27 | www.backpacker-tours.com*

OBERER ORINOCO

[118 A2–5] Bis nach Puerto Ayacucho (100 000 Ew.) kommt man mit dem Omnibus. Wer auf den Spuren Alexander von Humboldts weiter nach Süden bis an den Río Casiquiare oder den Río Negro vordringen will, ist auf das Buschflugzeug oder die Piroge angewiesen. Eine Reihe kleiner Dschungelcamps bis hinunter an die Grenze zu Brasilien bieten Stützpunkte für Abenteuertouristen, die freilich nicht nur gute Kondition und Gesundheit, sondern auch reichlich Zeit mitbringen müssen. Eine Warnung, die – wie könnte es anders sein – von Humboldt stammt: „Wer den Orinoco nicht befahren hat, kann nicht begreifen, wie man ohne Unterlass, jeden Augenblick im Leben von den Insekten, die in der Luft schweben, gepeinigt wird …"

Für weniger Abenteuerlustige empfiehlt es sich hingegen, eine Pauschaltour mit Führung zu buchen oder ein paar Tage beispielsweise im *Campamento Orinoquia (kein Tel. | Buchung über Cacao Expediciones in Caracas | Tel. 0212/977 12 34 | Fax 977 01 10 | cacaotravel@cantv.net | €€€)* zu verbringen und von dort

Kleine Wäsche am großen Fluss: Wasch- und Badetag am Río Negro

DER SÜDEN

aus Tagestouren in die „grüne Hölle" zu unternehmen. Die malerische, gepflegte Anlage liegt 20 km südlich von Puerto Ayacucho direkt am Orinoco. Übernachtet wird in elf landestypischen *churuatas*, den Palmfaser-Rundhütten im indianischen Stil, angeboten werden Vollpension und verschiedene Exkursionen.

Den geheimnisvollen Tafelberg *Cerro Autana* kann man im Rahmen geführter Touren zu Fuß erkunden, aber auch in einem ==spektakulären Flug== in einer kleinen Maschine *(Buchung über Amazonair | 1 Residencia Santa Eduvigis | Av. Santa Eduvigis | Caracas | Tel. 0212/283 69 60 und 0239/514 24 16 | www.amazonair. com).*

Das brütend heiße Puerto Ayacucho hat als Anziehungspunkte für Besucher den Indianermarkt *Mercado de los Indígenas* und das *Museo Etnológico* zu bieten, beide an der Plaza Betancourt. Auskunft: *Fondo Mixto Amazonas | Calle Díaz, Edificio Pequeño Teatro | Tel./Fax 0248/ 521 45 13*

PARQUE NACIONAL CANAIMA

[119 E-F 1-3] ⭐ 🌿 **Die Natur der Region Guayana, zu der auch der Nationalpark Canaima zählt, ist schlicht grandios.** Schon beim Anflug zeigt sich die Großartigkeit dieser Landschaft: hell leuchtende Wasseradern, die sich durch eine khakifarbene Savanne schlängeln, tiefblaue Seen, düstere Tafelberge, die wie Schlachtschiffe auf dem Guayanaplateau zu schwimmen scheinen. Vom Flugzeug aus hatte der US-amerikanische Buschpilot Jimmy Angel als erster Weißer 1935 den höchsten Wasserfall der Welt gesehen, der sich den Auyán Tepui knapp 1000 m hinunterstürzt und seither seinen Namen trägt: Salto Angel. Früher gab es Canaima und den Salto Angel nur im sündhaft teuren Paket, heute buhlen viele, auch kleine Veranstalter um Besucher. Das hat die Palette erweitert und die Preise

> UMWELTSÜNDER MINEROS
Wo die Goldgräber anrücken, droht eine rote Wüste

Zu den schlimmsten Umweltsündern im Regenwald zählen die zigtausend *mineros,* die im Sand der Flüsse und tief im Dschungel nur mit geringem Erfolg nach Gold und Diamanten graben. Tonne um Tonne Gestein und Flussgeröll durchmahlen die Goldgräber. Sie schlämmen und waschen den Sand und spülen ihn mehrere Male über die „rauchende Schlange"; so nennen sie die Rutsche, auf der die feinsten Goldpartikel an der Stoffbahn hängen bleiben und dann mit dem rauchenden Quecksilber gebunden werden. Fast zehn Prozent der Weltförderung dieses hochgiftigen Schwermetalls verteilen sich im Umkreis der Goldgräberlager in die Luft, die Erde und das Wasser. Abgesehen davon, dass die Männer sich bei der Goldgewinnung nachhaltig schädigen können – Quecksilber ist ein schweres Nervengift –, beeinträchtigen sie die Umwelt erheblich.

PARQUE NACIONAL CANAIMA

gesenkt. Billig ist es trotzdem nicht, aber dafür zählt der Park *(www.lagransabana.com/canaima)* zum Schönsten, was das Land zu bieten hat. Oft müssen Extras auch extra – und teuer – bezahlt werden, z. B. der Rundflug über den Salto Angel.

Canaima (3000 Ew.), noch vor nicht allzu langer Zeit ein idyllischer Flecken mitten im Indianerland der Gran Sabana, hat sich zu einem geschäftigen Umschlagplatz für den Dschungeltourismus entwickelt. In seinen roten, von Palmen beschatteten Erdstraßen herrscht bereits frühmorgens Hochbetrieb. Auf dem Rollfeld landen und starten die Maschinen aus Puerto Ordaz, Ciudad Bolívar und von der Isla de Margarita. Reiseleiter treiben ihre Schäfchen zusammen, Kleintransporter karren das Gepäck durch den Ort zur gebuchten Posada.

■ TOUREN

Die meisten Gäste reisen als Tagesausflügler oder mit einem Pauschalarrangement für zwei oder drei Tage an. Von einem der am schönsten gelegenen Strände des Landes geht es zunächst mit dem Boot über die *Laguna Hacha,* die der Río Carrao unterhalb eines dekorativen *tepui* bildet, zum *Salto Sapo.* Dort wartet eines der aufregendsten Vergnügen von Canaima: Man läuft hinter dem Wasserfall auf einem ==schmalen, in den Fels gehauenen Pfad== entlang. Der peruanische Reiseführer und Canaima-Pionier Tomás Bernal legte diesen Pfad Mitte der Achtzigerjahre an. Ein bisschen höher liegt der *Salto Sapito.* Wenn das Wetter mitspielt und man einen Platz in einer kleinen Maschine ergattern kann, ist ein Flug über den *Salto Angel* eine kleine Sensation.

Wer länger bleibt, hat die Wahl zwischen verschiedenen Flussexkursionen, z. B. zur *Isla Orquídeas* – nur bei ausreichendem Wasserstand während der Regenzeit –, und Wanderungen. Die absolut spektakuläre Dreitagetour den Río Carrao hinauf zum ★ *Salto Angel* setzt Bereitschaft zum Abenteuer und gute Kondition voraus; übernachtet wird in Hängematten.

■ ÜBERNACHTEN

CAMPAMENTO CANAIMA
Die älteste und teuerste, mittlerweile leicht ramponierte Anlage mit 95 einfachen Zimmern in Bungalows. Großes Restaurant im *churuata*-Stil, den typisch indianischen Rundbauten mit Palmfaserdach. Nur als Paket mit Reservierung buchbar, alle Ausflüge werden extra berechnet. Buchung: *Hoturvensa | Tel./Fax 0212/976 05 30 | www.hoturvensa.com.ve | €€€*

CAMPAMENTO TOMÁS BERNAL
Eine typische Hängemattenunterkunft des Canaimaveteranen Tomás Bernal, des vermutlich besten Reiseführers, den es dort je gegeben hat. Seine Kinder führen das Camp weiter und bieten viele Exkursionen an. Die Lage ist unschlagbar: auf der Isla Anatoly unterhalb eines *tepui,* gebadet wird in der Laguna Hacha. *40 Plätze und 3 Hütten | Tel. 0285/ 632 79 89 | Handy 0414/854 82 34 | www.bernaltours.com | €€*

WA KÜ LODGE
Sehr hübsche Anlage mit 15 Zimmern in tropischen Gärten, gepfleg-

> *www.marcopolo.de/venezuela*

DER SÜDEN

tes *churuata*-Restaurant genau gegenüber dem Salto Hacha. Mehrsprachiges Personal. Nur als Paket mit vorheriger Reservierung. Einzige Internetverbindung in Canaima. *Tel. in Puerto Ordaz 0286/961 69 81 | www.canaimatours.com | €€€*

■ ZIELE IN DER UMGEBUNG ■
AREKUNA [119 E1]
Dekorativ über Felsen drapiert liegt das von Flüssen umschlossene Luxuscamp Arekuna *(25 Zi.)*, das man von Margarita oder Canaima direkt anfliegen kann. Von hier aus geht es zu Fuß in den Dschungel zu indianischen Gemeinden und zu Wasserfällen. Außerdem werden Bootstouren angeboten. Buchung nur in Reisebüros. *Info: www.tuy.com/aerotuy.htm*

KAVAC [119 E2]
Dieses Dschungelcamp bietet weder Klimaanlage noch Fernsehen. Übernachtet wird in einfachen Hütten in der Hängematte. Die Touren sind anspruchsvoller und ausgedehnter als die von Canaima aus. Es gibt aber auch wunderbare Tagestouren, so durch die *Kavac-Schlucht* oder zu den *Tabanarempa-Fällen (Info: www.venezuela.li/tours/kavac.php).*

Grandioses Naturschauspiel: Salto Angel im Nationalpark Canaima

> ETWAS FÜR ERLEBNISHUNGRIGE

Dschungel und Anden, Karibikküste und Tafelberge, Indianercamps und Wasserfälle: zwei Touren, auf denen Sie den „Kontinent" Venezuela in all seinen Facetten erleben

Die Touren sind auf dem hinteren Umschlag und im Reiseatlas grün markiert

1 VON DER KÜSTE IN DIE ANDEN

Wer auf eigene Faust durch Venezuela streifen will, braucht gute Kondition, viel Sitzfleisch und ein paar Sprachkenntnisse. Außerdem setzt es einen Schuss Unternehmungsgeist und viel Geduld voraus. Weiter kommt man immer in modernen, klimatisierten Überlandbussen oder in Flugmaschinen von kleinen Gesellschaften. Aber es kann schon mal vorkommen, dass man im Busbahnhof oder im Flughafen festsitzt, weil sich hier keiner sklavisch an Pünktlichkeit hält; die Verkehrsverhältnisse lassen dies manchmal auch gar nicht zu. Da empfiehlt es sich, Lesestoff für Wartezeiten im Gepäck zu haben. Das Abenteuer lohnt sich allemal: Der Weg ist das Ziel. Die beschriebene Tour führt von Caracas nach Westen, von Meereshöhe bis auf 5000 m. Für die rund 1000 km – ohne den 550-km-Abstecher nach Coro! – von Caracas über Bar-

> *www.marcopolo.de/venezuela*

AUSFLÜGE & TOUREN

quisimeto und Mérida nach Barinas sollten Sie eine Woche Reisezeit veranschlagen, um zwischendrin auch mal aussteigen und Luft schnappen zu können.

Für den Beginn der Reise in **Caracas** *(S. 30)* empfehlen wir die bequeme Variante, nämlich die klimatisierten, komfortablen Reisebusse von *Aeroexpresos (Busbahnhof: Quinta Marluz, Av. Principal de Bello Campo | Chacao | Tel. 0212/266 23 21 | www.aeroexpresos.com.ve)* oder *Rodovías de Venezuela (Av. Libertador/Boulevard Amador Bendayán | Tel. 0212/577 66 22 | www.rodovias.com.ve)*. Wer es rustikaler und preiswerter möchte, nimmt vom *Terminal La Bandera (Tel. 0212/693 66 07)* aus einen Bus. Da kommt man am besten mit dem Taxi hin, denn es liegt 3,5 km südlich des Zentrums von Caracas.

Lösen Sie ein Ticket nach **Maracay** (Fahrzeit zwei Stunden), einer betriebsamen Halbmillionenstadt. Maracay war zwei Jahrzehnte lang (1915–35) die Hauptstadt Venezuelas, weil dort der Diktator Juan Vicente Gómez Paläste für sich, seine Schranzen und seine Geliebte erbauen ließ; dazu gehören das *Teatro Ateneo de Maracay* und die *Casa de Dolores Amelia*. In der Nähe der sehr schönen Plaza Bolívar liegt das *Hotel Jardín* aus dieser Zeit, heute Sitz der Provinzregierung. Die barocke andalusische *Stierkampfarena* von 1933 zieht auch international renommierte Toreros an.

Eine sehr gute, deutschsprachige Unterkunft mit Schwimmbad in den ruhigen Außenbezirken von Maracay im malerischen Vorort El Limón ist die gepflegte *Posada El Limón (24 Zi. | Calle El Piñal 64 | Tel. 0243/ 283 49 25 | www.posadaellimon.com | €)*. Das kulinarische Angebot konzentriert sich an der Avenida Las Delicias, dort liegt die schöne *Tasca Bodegón de Sevilla (Tel. 0243/241 81 54 | €)*.

Von Maracay geht es über Valencia, eine hässliche Industriestadt, nach *Puerto Cabello,* das man nach etwa zweieinhalb Stunden erreicht. Puerto Cabello ist ein wichtiger Industriehafen, der wenig auf Tourismus ausgerichtet ist. Trotzdem: Ein Bummel über den attraktiv angelegten *Paseo El Malecón,* die Uferpromenade, und durch die restaurierte kolonialzeitliche Altstadt lohnt. Einen Sandstrand in der Nähe gibt es auch, die *Bahía de Patanemo.* Schön wohnt man direkt in der Altstadt in der *Posada Santa Margarita (7 Zi. | Calle Bolívar 4–36 | Tel. 0242/361 71 13 | www.ptocabello.com | €€)* in einem stilgerecht möblierten, renovierten 200 Jahre alten Kolonialhaus mit Dachterrasse.

Der Busbahnhof liegt an der Av. La Paz. Auf der Strecke nach Barquisimeto, das in etwa dreieinhalb Stunden erreicht ist, kommt man in *Chivacoa* vorbei, einem der wichtigsten Pilgerzentren des María-Lionza-Kults (S. 20). Wer das bunte Allerlei verschiedener Religionen und Glaubensrichtungen sinnlich erfahren möchte, der sollte einen Tag in Chivacoa mit seinen Devotionalienläden und Pilgerbüros verbringen.

Barquisimeto (750 000 Ew.), Venezuelas viertgrößte Stadt, verbirgt einen schönen kolonialen Kern hinter dem üblichen Äußeren einer lärmigen Geschäftsstadt. Eine Oase der Ruhe ist der grüne *Parque Ayacucho*. Komfortable Unterkunft in gehobener Umgebung: *Posada La Segoviana (14 Zi. für 2–6 Pers. | Calle 7 zwischen Carrera 2 und 3, Stadtteil Nueva Segovia | Tel. 0251/252 48 41 | Fax 252 86 69 | posadalasegoviana @hotmail.com | €€).*

Von Barquisimeto fahren alle zwei Stunden Busse nach *Coro* (S. 65; Abstecher empfohlen, Reisezeit sieben Stunden) und mindestens zwei Nachtbusse nach Mérida (acht Stunden). Die Route nach Coro verläuft durch eine stark gewellte, trockene Landschaft, die das einzige Weinanbaugebiet Venezuelas umschließt. Der *Sekt der Gegend* ist sehr zu empfehlen.

Eine attraktive Andenstrecke, zum Teil auf malerisch gelegenen Routen, führt anschließend von Barquisimeto in die alte Hauptstadt des Landes, *Quibor,* und weiter nach *El Tocuyo* und über Gebirgsschluchten in das *Folklore- und Landwirtschaftsörtchen Boconó*. Dort sollten Sie sich die *Servicios Campesinos Tiscachic* anschauen,

> www.marcopolo.de/venezuela

AUSFLÜGE & TOUREN

eine Bauernkooperative, und die Kunsthandwerksläden. Zwei empfehlenswerte Pensionen zum Übernachten: **Posada Machinipe** *(5 Zi. | Calle Bolívar, zwei Blocks nördlich der Plaza Bolívar | Tel. 0272/652 15 06 | www.posadamachinipe.com | €)* und **Posada Turística Jardín Boconés** *(8 Zi. | Calle Girardot 3–5 | Tel. 0272/ 652 01 71 | €).*

Von Boconó verkehren Kleinbusse (Fahrzeit 90 Minuten) in das über Andenterrassen fließende, koloniale **Trujillo,** das einen Zwischenstopp lohnt. Alle halbe Stunde bekommt man von dort aus einen Bus, der in 60 Minuten hinunter in das schwülwarme, laute **Valera** fährt, einen Knotenpunkt für mehrere Andenrouten. Die 170-km-Strecke von dort hinauf nach Mérida klettert an blühenden Kohl-, Kartoffel-, Knoblauch- und Karottenfeldern vorbei, bis sie den höchsten Pass des Landes erreicht, den **Paso El Águila** auf 4007 m Höhe. Hier sollten Sie aussteigen und eine heiße Schokolade trinken!

Die klare Bergluft von **Mérida** *(S. 72)* macht den Kopf frei für neue Abenteuer. Die Fahrt mit der Seilbahn auf den **Pico Espejo** *(S. 75)* können bergerfahrene und konditionsstarke Traveller mit einer Besteigung von Venezuelas höchstem Berg krönen, dem **Pico Bolívar** (5007 m).

★ Von den Anden in die Llanos: Die 200-km-Strecke von Mérida *(Busterminal in der Av. Las Américas)* hinunter in die Viehzüchtermetropole **Barinas,** die Pforte zu den tellerflachen, heißen Llanos, ist mit ihren atemraubenden Landschaftswechseln eine der schönsten des Landes. Die Straße schraubt sich hin-

Karg ist der Bewuchs im Hochland des Nationalparks Sierra Nevada

ter Mérida noch einmal in die Höhe bis nach **Apartaderos** auf fast 4000 m. In den dortigen kleinen Restaurants werden Knoblauchforellen serviert. Ein Tipp für authentisches Kunsthandwerk ist die *Casa del Páramo* an der Hauptstraße mit kleinem Caférestaurant. **Insider Tipp**

Später säumen dichte subtropische Wälder und Tabak-, Bananen-, Kaffee- und Obstplantagen den kurvigen Weg; die schneebedeckten Gipfel der Sierra Nevada hat man immer im Blick. Von Barinas können Sie eine Tour durch die Llanos anschließen oder nach Caracas zurückkehren.

2 DURCH DEN OSTEN UND DIE GRAN SABANA ZUR GRENZE MIT BRASILIEN

Bis vor wenigen Jahren stand der Weg nach Brasilien durch das nördliche Amazonasgebiet nur verwegenen Abenteurern offen. Heute ist jeder Kilometer zwischen Caracas und Manaus asphaltiert. Expressbusse von Caracas bis nach Santa Elena de Uairén an der Grenze zu Brasilien schaffen die Strecke in 16 Stunden; eine Kaffeefahrt – bis zur Grenze sind es gut 1300 km, bis nach Manaus 2300 km – kann man es gleichwohl nicht nennen. Die Fahrpläne sind ungewiss, Gewitter können die Straße stundenlang unpassierbar machen, Straßenkontrollen in Zeitlupe kosten Buspassagiere oft viel Geduld. Der Südosten Venezuelas ist bis auf kleine Ausnahmen kein Tourismusgebiet. Für die Strecke Caracas–Santa Elena sollten Sie mindestens eine Woche einplanen.

Der erste Streckenabschnitt führt vom Busterminal von Rodovías (S. 87) in Caracas (S. 30) ins knapp 300 km entfernte Puerto La Cruz (S. 53 | *Terminal von Rodovías | Av. Intercomunal, Sector las Garzas, Lechería | Tel. 0281/286 15 10).* Von dort geht es entlang der wunderschönen Küstenstraße 9 mit Blick auf den ruhigen Golf von Cariaco und die Halbinsel Araya weiter in die Fischer- und Studentenstadt Carúpano (S. 57). Der Busbahnhof liegt an der Strandpromenade, Busse und Sammeltaxen fahren zu allen Zielen in der Umgebung.

Ein Erlebnis der ganz besonderen Art ist Urwaldtrekking durch den Regenwald der Halbinsel Paria nahe den heißen Schwefelquellen von El Pilar. Über Parianatours *(Tel. 0294/331 72 97, www.parianatours.com)* bekommen Sie einen einheimischen Guide, der einen Trip durch die wahrhaft heißen Urwälder führt. Man startet bei lauwarmem Wasser, passiert kochende Schwefelquellen beim spannenden Fußmarsch über Stock und Stein und erreicht schließlich einen erfrischenden, jetzt kalten Wasserfall inmitten des Regenwalds.

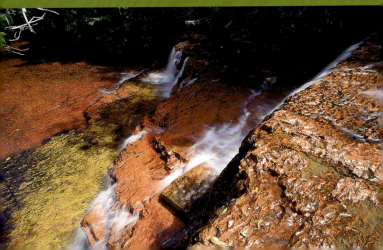

Quebrada de Jaspe: Das Wasser rauscht über farbiges Jaspis-Quarzgestein

AUSFLÜGE & TOUREN

Die nächste Etappe führt von Carúpano ins **Orinocodelta** *(S. 63 | www.orinocodelta.info)*, das Abenteuerlustige ab dem **Nationalpark Turuépano** *(S. 59)* auch per Boot mit Überquerung des unberechenbaren Golfs von Paria erreichen können. Wer ängstlich auf hohen Seegang reagiert, fährt lieber mit dem Bus nach **Tucupita** und bucht dort bei einem der zahlreichen Anbieter seine Abenteuertour.

Insider Tipp

Vom Orinocodelta nach **Ciudad Bolívar** *(S. 78)* am Mittellauf des Orinoco ist es nicht mehr allzu weit. Südlich des Orinoco weicht die Kulturlandschaft offener Savanne, später dem Dschungel. Um mehr von der Landschaft zu sehen, sollten Sie einen der langsameren Regionalbusse nehmen, die tagsüber von Ciudad Bolívar nach Santa Elena verkehren und etwa 14 Stunden brauchen.

Bei km 88 beginnt der kurvenreiche Aufstieg aus dem schwülen Tiefland hinauf auf die **Gran Sabana** *(S. 80)*, die fast unberührte Welt der Tafelberge *(tepuis)*. Das Hochland (800 m im Schnitt) bildet die Wasserscheide zwischen dem Orinocobecken und dem Amazonastiefland. Die offene Savanne, die Tafelberge, die zahlreichen Wasserfälle und die wenigen Dörfer der indianischen Bevölkerung sind faszinierende Erlebnisse.

Mit ein wenig Glück und Initiative lässt sich ein Abstecher zum ★ **Salto Apongoao** organisieren; mit 105 m Fallhöhe auf einer Breite von 120 m ist er der mächtigste aller Wasserfälle in der Gran Sabana. Rund 40 km weiter, bei km 202, befindet sich der **Salto Kamá** (50 m Fallhöhe), ein kleines Badeparadies. Bei km 237 sollten Sie sich unbedingt die Kaskaden von **Quebrada de Pacheco** ansehen. Dort ist auch die Übernachtung in einfachen Hütten möglich. Ein besonderes Naturschauspiel bietet bei km 273 die **Quebrada de Jaspe** *(S. 82)*, ein Wasserfall, der durch den felsigen Untergrund eine orangerote Färbung anzunehmen scheint.

Indianer mit Blasrohr: unterwegs im Land der Pemones

Wer tiefer in die Gran Sabana eindringen will, unternimmt von Santa Elena aus Exkursionen zur ★ **Franziskanermission Kavanayen** und in das vom Indianervolk der Pemones betriebene Camp Mantopai. Die Region ist nahezu unbewohnt, und entsprechend abenteuerlich gestalten sich die Fahrten. Das *Indianercamp Mantopai* breitet sich malerisch am Fuß eines *tepui* entlang eines Flusses aus. Pemones laden zu Wanderungen in ihre Welt ein. Beides schnürt **Backpacker-Tours** *(Tel. 0289/995 15 24 | www.backpacker-tours.com)* zu einem Paket.

Insider Tipp

EIN TAG AUF MARGARITA

Action pur und einmalige Erlebnisse.
Gehen Sie auf Tour mit unserem Szene-Scout

SÜSS ODER SALZIG? — 7:00

Besser als auf der Terrasse der *Panadería 4 de Mayo* kann man den Tag kaum beginnen. Wie wäre es mit ein paar salzigen *empanadas*? Eine süße Spezialität der Bäckerei sind Erdbeerkuchen mit Schlagsahne. Da kommen schnell heimische Gefühle auf. **WO?** *Av. 4 de Mayo | Porlamar | Tel. 0295/261 81 97*

9:00 — HART AM WIND

Das Boot wartet. Einsteigen und 20 Minuten hinüber auf die Nachbarinsel Isla Coche schippern lassen. Der Traumstrand lädt zum Kitesurfen ein, also rauf aufs Board – auch Anfänger können hier glänzen! **WO?** *Start des Boots am Leuchtturm in Porlamar | 4 Personen: 46 US-Dollar; Brettverleih: Posada Oasis de Coche | Calle Principal, Isla Coche | Tel. 0295/416 33 38 | http://kitesurfoasis.com | 20 US-Dollar für 2 Std. Leihausrüstung*

GAUMENFREUDE — 12:00

Mit dem Fährboot geht es wieder zurück nach El Yaque (Foto) auf Margarita und von dort per Mietauto – oder noch cooler: mit dem Roller – gen Westen. An der Playa La Pared im Restaurant *La Pared* gibt's fangfrischen Fisch vom Grill – hört sich simpel an, schmeckt aber unglaublich gut. Ausprobieren! **WO?** *Playa La Pared | Tel. 0295/808 82 82*

13:30 — MIT 1 PS ÜBER DEN STRAND

Luc ist Pferdenarr und teilt seine Leidenschaft am liebsten mit anderen Reitfans. Deswegen heißt es jetzt: Aufsitzen! Dann geht es zwei Stunden lang über Stock und Stein, wobei die durchaus mal im Wasser liegen können. Ein Ritt im seichten Meer ist mit Sicherheit das Highlight. **WO?** *Startpunkt ist die Ranch Cabatucán 2 km westlich von Guayacancito | Tel. 0416/695 21 70 | 50 US-Dollar*

24 h

ABGEHOBEN
16:00

Mutige vor! Sobald sich das Ultraleichtflugzeug in die Lüfte erhebt, fühlt man sich wie ein Vogel. Meer und Menschen werden immer kleiner, das Gefühl von Freiheit wird immer größer. Wer sich nicht am Strand anwerben lassen will, kann den Tandemflug vorab reservieren. **WO?** *Margarita Wings Airline, Av. Circunvalación Norte, Urbanización San Lorenzo, Pampatar | Tel. 0295/267 22 32 | 120 US-Dollar*

18:00 ### ENTSPANNUNG PUR!

Der Wind streichelt die Haut, der Blick geht zum Horizont, wohltuende Hände lösen massierend die angespannten Muskeln. Entspannung pur ist garantiert bei einer Open-Air-Massage am weißen Sandstrand. **WO?** *Lagunamar Hotel Resort & Casino, Via Pampatar, Sector Apostadero – Pampatar 295 | Anmeldung nötig: Tel. 0295/400 40 32 | ab 25 US-Dollar | www.lagunamar.com.ve*

SUSHI AM POOL
20:30

Einmal auf Relaxmodus gepolt, will man so schnell nichts anderes. Deswegen gibt's das Abendessen im Hotelrestaurant *Acuapazza*. Die Sushiröllchen aus fangfrischem Fisch sind einfach nur delikat! Das Beste: Wer will, kann sie sich direkt an seine Liege am Pool servieren lassen. **WO?** *Av. Bolívar/Av. Francisco Esteban Gómez, Porlamar | Tel. 0295/262 22 22 | www.lasamannademargarita.com*

23:00 ### FEEL THE RHYTHM

Genug entspannt, die Nacht ruft! Im In-Treff *Ocean's Bar* bestellt man sich an der Bar einen Drink und wiegt sich zum Rhythmus der lateinamerikanischen Klänge. Je später die Stunde, desto heißer die Stimmung. Anstecken lassen und mitfeiern! **WO?** *Av. Bolívar, Centro Comercial Costa Azul*

> SURFEN UND WANDERN

Die einen schwimmen, surfen oder schnorcheln, die anderen wagen sich in die gebirgigen Anden oder unternehmen Touren in den Dschungel

> Sportart Nummer eins in Venezuela ist – getreu seinem großen Vorbild USA – Baseball. Aber auch Fußball und Pferderennen stehen hoch im Kurs. Diese Sportarten verfolgen die meisten Venezolaner jedoch passiv als Zuschauer, was auch daran liegen mag, dass öffentliche Sportanlagen nicht breit gesät sind und nicht jedermann der Zugang zu teuren Sportclubs möglich ist.

Für ausländische Gäste dagegen sind die vielfältigen Landschaften Venezuelas mittlerweile ein sportliches Schlaraffenland. Wo sonst kann man Tafelberge besteigen oder auf den Spuren bedeutender Naturforscher wandelnd indianische Feldwirtschaft kennenlernen? Auch für Paragliding, Ultralightfliegen und Kitesurfen bietet das Land sehr gute bis ideale Bedingungen. Wichtig ist, dass man bei der Organisation Fachleute zu Rate zieht. Im Regionenteil dieses MARCO POLO Bandes sowie auf den fol-

> *www.marcopolo.de/venezuela*

SPORT & AKTIVITÄTEN

genden Seiten finden Sie einige empfehlenswerte Veranstalter.

KITESURFEN

Das Surfen mit einem Lenkdrachen ist der jüngste Hit an den Stränden von *El Yaque* (Margarita) und der Península Paraguaná im Westen, denn hier bläst der Wind heftig. Das kleine, malerische Adícora in Paraguaná versucht, mit dem etwas bekannteren El Yaque (*Kite Center |* Luvseite von Playa El Yaque *| Tel. 0414/793 27 51 | www.premiumkite. com*) mitzuhalten, das auch schon mal den Worldcup im Windsurfen austrug. Informationen bei *Posada Adícora* (*Carlos Cornieles | Tel. 0414/968 06 60 | www.adicorakite surfing.com*). **Insider Tipp**

PARAGLIDING

Die Anden im Süden von *Mérida* bieten sehr gute Bedingungen für Pa- **Insider Tipp** ragliding, das man hier auch erlernen kann. Die Studentenstadt füllt sich regelmäßig mit der internationalen Fangemeinde dieses Sports. Auskünfte erteilen *Arassari Trek (Calle 24 Nr. 8-301 | Tel. 0274/252 58 79 | www.arassari.com)* mit speziell ausgebildeten Piloten und deutscher Leitung, *Natoura Adventure Tours (Calle 24 Nr. 8-237 | Tel. 0274/252 42 16 | Fax 252 40 75 | www.natoura.com)* und *Revis Travel (im Flughafen | Salón de Desembarque | Tel. 0274/263 54 85 | www.revistravel.com).*

■ RAFTING

Auf drei Flüssen im Bundesstaat Barinas ist Whitewater Rafting möglich. Wer sich dafür interessiert, wird bei dem renommierten Veranstalter *Arassari Trek (Mérida | Calle 24 Nr. 8-301 | Tel. 0274/252 58 79 | www.arassari.com)* und bei *Revis Travel (im Flughafen Mérida | Tel. 0274/263 54 85 | www.revistravel.com)* mit speziellen Programmen fündig. Eine ganz besondere Variante bietet *Cacaotravel (www.cacaotravel.com)* ausgehend von seinem Campamento Orinoquia bei Puerto Ayacucho an: Rafting auf dem Orinoco zwischen den Stromschnellen Atures und Maipures – das braucht selbstverständlich einen ausgebildeten *capitán*.

■ SCHNORCHELN & TAUCHEN

Traumreviere liegen dort, wo es Korallenriffe gibt. Der atemraubende Nationalpark *Los Roques* ist von ihnen umschlossen, und eine recht strikte Parkverwaltung hat bewirkt, dass sie auch intakt geblieben sind. In eintägigen, überall buchbaren Pauschaltouren von der Isla de Margarita oder Caracas aus können Sie sie sich einmal genauer ansehen. Richtig tauchen lernen kann man dort natürlich

Konditionell fit sollte man für eine Trekkingtour in Venezuela schon sein

SPORT & AKTIVITÄTEN

auch, z.B. bei *Ecobuzos (Calle La Laguna 122 | Tel. 0237/221 12 35 | Fax 221 12 89 | www.ecobuzos.com)* und *Sesto Continente (neben Inparques | Tel. 0414/924 18 53 oder 0212/730 90 80).*

Auch der *Parque Nacional Morrocoy* erfreut sich bei Schnorchlern großer Beliebtheit, doch hier setzte der Naturschutz zu spät ein – die Riffe sind bereits beschädigt. Ausgangspunkt für Bootstouren in das Gebiet des Nationalparks ist der ehemalige Fischerort *Chichiriviche*. Die *Granja El Ojito (Santo Tomás, Tocópero | Tel. 0268/774 10 50)* bei Coro organisiert auf Wunsch Ganztagesausflüge in den Park.

Im Kommen ist der *Parque Nacional Mochima,* der sich leicht von Puerto La Cruz und Cumaná aus erreichen lässt. Und wer vor Margarita schnorcheln oder tauchen will, lässt sich zum *Farellón* oder zu den Inseln *Los Frailes* schippern. Sie liegen vor der Playa El Agua.

TREKKING

Die Anden sind ein ideales Terrain für Wanderer, doch sollte man sich nicht auf vorgezeichnete Wegenetze freuen: Die gibt es nämlich kaum. Lohnend und überhaupt nicht anspruchsvoll ist eine etwa anderthalbstündige Wanderung im Parque Nacional Sierra Nevada vom Parkeingang bei Apartaderos zur malerisch gelegenen Laguna Negra, vorbei an der Laguna Mucubají.

Caiman Tours (Tel. 0414/374 83 34 | www.caimantours.com) und *Colibri Tours (Tel. 0274/252 40 67 | info@colibri-tours.com)* organisieren u. a. den ⭐ Abstieg von den Stationen der Seilbahn Mérida–Pico Espejo nach Los Nevados, Übernachtung und Abholung per Jeep zurück nach Mérida.

In den Dschungel sollten Sie sich auf eigene Faust nicht wagen. Von verschiedenen Zentren aus werden hochinteressante Touren angeboten, z. B. von den *campamentos* in *Puerto Ayacucho* oder am *Río Caura,* von Ciudad Bolívar zu erreichen. Mehrstündige Wanderungen führen in nur von Indianern besiedelte Gebiete. Für Ausdauernde werden mehrtäge Boot-Trekking-Expeditionen zum Cerro Autana und dem Cuao-Massiv angeboten. Informationen bei *Cacaotravel (Tel. 0212/977 12 34 | www.cacaotravel.com)* und bei *www.gekkotours-venezuela.de,* der Reiseagentur der *Posada La Casita (Av. Ligia Pulido, Urbanización 2 de Julio | Tel. 0285/632 32 23).*

Auf vogelkundliche Wanderungen ist Daniel Müller von der *Finca Vuelta Larga* auf der Península de Paria im Nordosten spezialisiert. Und auch wer nur einen entspannten Urlaub auf Margarita verbringen möchte, kann wandern gehen: z. B. den *Cerro Copey* in der gebirgigen Osthälfte erklimmen oder von Fuentidueño oder San Juan Bautista im Inselinnern aus Flussbetten entlangkraxeln.

WINDSURFEN

Windsurfing hat sich auch in Venezuela schon lange etabliert. Neben den auch bei den Kitesurfern beliebten Spots auf der Halbinsel Paraguaná in Nordwestvenezuela *(Adícora)* und auf Margarita *(El Yaque)* macht es auf Margaritas Nachbarinsel *Isla Coche* besonders viel Spaß.

> WASSERSPASS UND ABENTEUER

Die Älteren reiten durch die Anden, die Jüngeren schwimmen mit Delphinen

> Der Weg nach Venezuela ist weit, und auch die empfohlenen Impfungen müssen Kinder erst einmal hinter sich bringen, aber dann werden die kleinen Gäste recht fürstlich empfangen.

Die Venezolaner hätscheln, lieben, päppeln und herzen ihre Kinder. Für sie ist immer Platz und Zeit. Dafür werden ihnen aber nicht unbedingt viele Zugeständnisse gemacht. Wenn die Familie abends essen gehen will, dann kommt auch der kleinste Sprössling mit, in Windeln und im Tragebettchen. Halbe Portionen oder Kinderteller werden selten angeboten, Wickeltische stehen in kaum einem Restaurant bereit.

Auf der Isla de Margarita wird für die Kleineren am meisten geboten, so z. B. die beliebten Spaßbäder. Für Kinder am besten geeignete Strände liegen in El Yaque und auf der Nachbarinsel Coche. Die Größeren können in ganz Venezuela aufregende

> www.marcopolo.de/venezuela

MIT KINDERN REISEN

Abenteuer bestehen: reiten, wandern und dabei auf Höhlen stoßen oder Kaimanen bei der Fütterung zusehen.

CARACAS
MUSEO DE LOS NIÑOS [U D4]
Hoch gepriesen wird das unterhaltsam und didaktisch zugleich aufgebaute Kindermuseum. Die Mischung aus Disneyland und Deutschem Museum ist interaktiv, mit Videofilmen und Installationen, die über naturwissenschaftliche Phänomene aufklären, aber auch Kultur und Allgemeinbildung vermitteln. Neueste Errungenschaft: ein Raketensimulator. *Di–So 9–17 Uhr | 10 000 VEB | Kinder 8000 VEB | Parque Central, Torre Oeste, Nivel Bolívar*

SCHNORCHELN LERNEN AUF LOS ROQUES [116 A1]
Zugegeben, dieses Ziel ist reichlich exklusiv, um Schnorcheln zu lernen.

Aber schöner und interessanter als hier geht es kaum. Die Korallenriffe stehen unter strengem Naturschutz und bieten einer brillanten Unterwasserfauna ein natürliches Habitat. Krebse, Langusten, Stachelrochen, Abalone, zahlreiche Arten der bunten Papageienfische, Barsche und Kardinalsfische tummeln sich zwischen phantastischen Kandelabern aus Korallen. Schnorcheln lernen kann man z.B. bei *Ecobuzos | Gran Roque | Calle La Laguna 122 | Tel. 0237/ 221 12 35 | www.ecobuzos.com.*

ISLA DE MARGARITA

DIVERLAND [121 F3]
Ein Freizeitpark zwischen Porlamar und Pampatar mit allen Attraktionen, die in solchen Parks üblich sind. Man kann sogar mit Delphinen schwimmen, und jeden Abend findet eine Delphinshow statt. Das Schwimmen mit Delphinen ist nur mit Reservierung (für etwa 45 Euro in fast jedem Hotel der Insel) möglich, die Mindestgröße liegt bei 1,20 m. *Tgl., außerhalb der Saison Do–Sa 18–23.30 Uhr | 25 000 VEB, über 35 Jahre 18 000 VEB*

LABERINTO TROPICAL [121 F3]
Tropischer Garten mit einem kleinen Schlangenterrarium. Dazu zwei schöne Spaßirrgärten. *Di–So 9.30–17.30 Uhr | Prolongación Av. 4 de Mayo, Los Robles, Sector Palosano | 15 000 VEB, Kinder 7500 VEB*

MUSIPAN [121 E4]
Venezolanische Spaßkultur im Themenpark: eine nachgebaute kleine Dorfstraße mit Kunstgewerbe und Restaurants, dazu Musik und Tanzdarbietungen, Eselsritte, Spiele und

In Venezuela ist die Hälfte der Bevölkerung unter 18 Jahre alt

ein großer Wasserpark. *Hochsaison Di–So, Nebensaison Fr–So 10–19 Uhr | Hochsaison 48 000, Kinder 38 000 VEB, Nebensaison 38 000, Kinder 28 000 VEB | Via Playa El Yaque, Sector Punta Carnero | www.musipan.net*

> www.marcopolo.de/venezuela

MIT KINDERN REISEN

PARQUE DEL AGUA [121 F2]
4 km südlich von Playa El Agua befindet sich dieses immense Spaßbad mit Wasser- und Kamikazerutschen sowie mehreren Schwimmbädern. *Hochsaison tgl. 10–18 Uhr, Nebensaison Mi–So 10–17 Uhr | 45 000 VEB, keine Kinderermäßigung*

WINDSURFEN
El Yaque bietet warmes, seichtes Wasser und stabilen Wind. Das Terrain ist ideal für Kinder, um surfen zu lernen. Auch die kleine Schwesterinsel *Isla Coche* eignet sich gut dazu. Unterricht wird u. a. im *Windsurf Paradise* in El Yaque und im *Coche Paradise* auf Coche angeboten.

WÜSTENRITT [120 B4]
Stundenweise Ausritte oder Halbtagesausflüge im Sattel bietet *Cabatucán* in Guayacancito auf der Halbinsel Macanao an. Telefonische Reservierung *(Tel. 0416/681 93 48)* nötig; man wird vom Hotel abgeholt.

■ DER NORDOSTEN

HACIENDA BUKARE [117 D2]
Auf dieser Hacienda auf der Halbinsel Paria schwelgen besonders Kinder in Schokolade, erfahren, wo sie herkommt und wie sie hergestellt wird. Übernachtung in Zimmern, die möbliert sind wie im 19. Jh. *Carretera Carúpano–Bohordal, Sector Chacaracual | Tel. 0294/511 27 39 | bukare@cantv.net*

■ DER WESTEN

HÖHLENWANDERUNG IN DER SIERRA SAN LUIS [115 D2]
Insider Tipp

Das Kalksandsteingebirge im *Parque Nacional Juan Crisóstomo Falcón* in der Sierra von San Luis ist von Höhlen durchsetzt, die einen riesigen unterirdischen See umrahmen. Durch die geheimnisvollen Schluchten und Nischen klettert man am besten beim Schein von Taschenlampen. Veranstaltet werden Touren von der *Granja El Ojito*. Dierk Demant bietet außerdem fachkundige Tierbeobachtungen an. *Granja El Ojito | Santo Tomás, Tocópero | Tel. 0268/774 10 50 | Fax 774 11 30 | granjaelojito@cantv.net*

REITEN IN DEN ANDEN [114 B4]
Ein abenteuerlicher Ausflug mit größeren Kindern: Mit der Seilbahn von *Mérida* aus um 7 Uhr früh losfahren, in zwei Stationen auf 3600 m Höhe hinaufschaukeln, sich dort aufs Maultier setzen, um in das Andendörfchen *Los Nevados* zu reiten. Dort übernachtet man in einer netten Pension und fährt am nächsten Morgen nach einem Frühstück aus Milchsuppe und *arepas andinas* mit dem Jeep die Berge wieder hinunter. Organisieren können das *Revis Travel (im Flughafen | Salón de Desembarque | Tel. 0274/263 54 85 | www.revistravel.com)* und *Caiman Tours (Tel. 0414/374 83 34 | www.caimantours.com)*.

■ DER SÜDEN

BALNEARIO SURUAPÉ IN DER GRAN SABANA [119 F2]
Insider Tipp

Dass es in der Gran Sabana Tafelberge und Wasserfälle gibt, wissen viele. Doch natürliche Schwimmbecken vermutet kaum jemand. Das Balneario Suruapé verfügt über kleine natürliche Bassins und winzige Sandstrände. Für die Stärkung sorgt ein Restaurant. *Etwa 50 km auf der Carretera vor Santa Elena de Uairén*

> VON ANREISE BIS ZOLL

Urlaub von Anfang bis Ende: die wichtigsten Adressen und Informationen für Ihre Venezuelareise

ANREISE

Caracas wird von zahlreichen internationalen Fluggesellschaften angeflogen, darunter Lufthansa, Iberia, Air France, TAP und Alitalia. Die Flugzeit von Mitteleuropa beträgt meist knapp zehn Stunden. Flüge von Deutschland nach Porlamar (Isla de Margarita) kosten je nach Reisesaison 600–1000 Euro. Für Flüge um Weihnachten und Ostern ist eine frühzeitige Buchung dringend zu empfehlen.

Last-Minute-Angebote, besonders für die Isla de Margarita, gibt es vergleichsweise viele; diese schließen im Normalfall Hotel und Voll- oder Halbpension mit ein.

AUSKUNFT VOR DER REISE

BOTSCHAFTEN/FREMDENVERKEHRS-ÄMTER VENEZUELAS

– *Schillstr. 9–10, 10785 Berlin | Tel. 030/83 22 40 00 | Fax 83 22 40 20 | www.visit-venezuela.com*
– *Prinz-Eugen-Str. 72, 1040 Wien | Tel. 01/712 26 38 | Fax 715 32 19 | www.venezuela-viena.org*
– *Schosshaldenstr. 1, 3007 Bern | Tel. 031/350 57 57 | Fax 350 57 58 | www.embajadavenezolana-suiza.com*

AUSKUNFT IN VENEZUELA

Deutsch geführte Reiseorganisation: *Cacao Expediciones | Tel. 0212/ 977 12 34 | Fax 977 01 10 | cacaotravel.com;* spezialisiert auf individuelle

> WWW.MARCOPOLO.DE
Ihr Reise- und Freizeitportal im Internet!

> Aktuelle multimediale Informationen, Insider-Tipps und Angebote zu Zielen weltweit ... und für Ihre Stadt zu Hause!

> Interaktive Karten mit eingezeichneten Sehenswürdigkeiten, Hotels, Restaurants etc.

> Inspirierende Bilder, Videos, Reportagen

> Kostenloser 14-täglicher MARCO POLO Podcast: Hören Sie sich in ferne Länder und quirlige Metropolen!

> Gewinnspiele mit attraktiven Preisen

> Bewertungen, Tipps und Beiträge von Reisenden in der lebhaften MARCO POLO Community:
Jetzt mitmachen und kostenlos registrieren!

> Praktische Services wie Routenplaner, Währungsrechner etc.

Abonnieren Sie den kostenlosen MARCO POLO Newsletter ... wir informieren Sie 14-täglich über Neuigkeiten auf marcopolo.de!

Reinklicken und wegträumen!
www.marcopolo.de

PRAKTISCHE HINWEISE

Wünsche: *Parianatours | Tel. 0294/ 808 36 02 | www.parianatours.com*

AUTO & MIETWAGEN

Internationale Mietwagenagenturen sind an den größeren Flughäfen vorhanden, ebenso in jeder Stadt. Meistens genügt ein nationaler Führerschein (der internationale allein nicht, am besten beide dabeihaben!). Die Leihgebühren entsprechen denen in Europa. Unbedingt erforderlich: eine oder mehrere Kreditkarten. Beim Abschluss des Mietvertrags sollten Sie auf jeden Fall eine Vollkaskoversicherung einbeziehen. Der Zustand der Mietautos lässt fast überall zu wünschen übrig. Es ist deshalb dringend anzuraten, Wagenheber, Ersatzreifen usw. zu überprüfen. Sehr wichtig: Diebstahlsicherung durch Kettenschloss oder Ähnliches. Der Kofferraum sollte abschließbar und nicht einsehbar sein. Venezuelas Straßennetz ist für südamerikanische Verhältnisse hervorragend. Südlich des Orinoco sind jedoch kaum noch asphaltierte Strecken anzutreffen; dort sollte man an jeder Tankstelle volltanken.

BANKEN & KREDITKARTEN

Die Banken öffnen für gewöhnlich Mo–Fr von 8.30 Uhr bis 16.30 Uhr, in den Einkaufszentren in den größeren Städten verlängerte Öffnungszeiten, oft bis in die späten Abendstunden. Geld tauschen kann man jedoch nur in privaten Wechselstuben (*casas*

Durch den Dschungel schwirrt ein im Wortsinn bunter Vogel: der Tukan

de cambio). Auf US-Währung ausgestellte Travellerschecks werden dort ohne Gebühr ebenfalls getauscht. Euro lassen sich am Flughafen in Maiquetía und in Caracas wechseln; bekannter ist aber noch immer der Dollar. Die Zahlung mit Kreditkarte wird in größeren Hotels, Geschäften und Restaurants akzeptiert.

DIPLOMATISCHE VERTRETUNGEN

DEUTSCHE BOTSCHAFT
Embajada de la República Federal de Alemania | Edificio La Castellana, Av. Eugenio Mendoza/Av. José Lamas, Caracas | Tel. 0212/261 01 81 | www.caracas.diplo.de

ÖSTERREICHISCHE BOTSCHAFT
Embajada de Austria | Torre Las Mercedes, 4. Stock, Av. La Estancia,

Chuao, Caracas | Tel. 0212/991 38 63 | www.austria.org.ve

SCHWEIZER BOTSCHAFT
Embajada de Suiza | Centro Letonia, Torre Ing-Bank, piso 15, Av. Eugenio Mendoza/San Felipe, La Castellana, Caracas | Tel. 0212/267 95 85 | Fax 267 77 45 | www.eda.admin.ch/caracas

EIN- UND AUSREISE

Venezuela verlangt von Westeuropäern normalerweise kein Visum. Reisen Sie jedoch auf dem Landweg ein, etwa über Kolumbien oder Brasilien, müssen Sie sich rechtzeitig vorher in der venezolanischen Botschaft/Konsulat des Gastlandes ein Visum besorgen. Man bekommt im Flugzeug oder an der Grenze eine Touristenkarte *(Tarjeta de Turismo)*, die man mit dem Pass vorlegen muss und die zu einem Aufenthalt von 90 Tagen berechtigt. Ein Durchschlag der Karte verbleibt nach Abstempelung beim Passinhaber und muss bei der Ausreise vorgelegt werden. Also nicht verlieren! Beim Abflug wird eine Flughafensteuer erhoben; sie beträgt in Caracas rund 35 Dollar für einen Auslandsflug, ist aber meist im Ticketpreis schon enthalten. Genaue Auskünfte bei der Fluggesellschaft unter Angabe der Flugticketnummer.

FOTOGRAFIEREN

Farbnegativfilme sind überall erhältlich, Diafilme nicht, Speicherkarten und ähnliches Zubehör nur zu einem hohen Preis. Die Fotoausrüstung sollte man unauffällig mit sich führen, etwa in einer bunt bedruckten Einkaufstüte.

GESUNDHEIT

Der Abschluss einer privaten Reisekrankenversicherung ist unbedingt empfehlenswert. Falls der Besuch einer Privatklinik notwendig sein sollte, müssen die Kosten vom Patienten übernommen werden (empfehlenswert ist es hierbei, die Kreditkarte zu nutzen), die Rechnung wird anschließend bei der Krankenversicherung zur Erstattung eingereicht. Apotheken *(farmacias)* sind meist bis tief in die Nacht geöffnet oder zeigen den nächstgelegenen Notdienst an. Es sind alle gängigen Medikamente erhältlich, oftmals ohne Rezept. Medizinische Nothilfe (man spricht Englisch) unter *Tel. 0212/483 70 21* oder *483 60 92*.

Impfungen gegen Tetanus und Gelbfieber werden empfohlen; gegen Malaria gibt es (noch) keine Imp-

WAS KOSTET WIE VIEL?

> **KAFFEE** — **30 CENT** im Frühstückscafé für einen *marrón grande*

> **IMBISS** — **1,25 EURO** für eine Maismehltasche

> **BIER** — **35 CENT** für eine Flasche »Polar«

> **ESSEN** — **6 EURO** für ein Tellergericht

> **BENZIN** — **3,5 CENT** für einen Liter Super

> **STRAND** — **5–6 EURO** Miete für zwei Liegen und Sonnenschutz

PRAKTISCHE HINWEISE

fung. Wer nicht in tiefste Goldgräberlager vorstößt, braucht aber Malaria nicht zu befürchten. Hingegen hat sich die Cholera inzwischen weiter verbreitet. Noch häufiger sind Ruhr und Durchfall. Vorsicht ist daher bei Eis, Fruchtsäften, Salaten und ungeschälten Früchten geboten. Man sollte den internationalen Impfpass bei sich führen.

INLANDSFLÜGE

Venezuelas Flugnetz ist gut ausgebaut, und die Flüge sind relativ preiswert. Allerdings sollten Sie sich nicht auf die angekündigten Flugzeiten verlassen und mindestens eine Stunde vorher am Flughafen sein, bei einem Auslandsflug zwei Stunden früher. Die Rückflüge so bald wie möglich (mindestens 48 Stunden vorher) bestätigen lassen.

INTERNET

Eine hervorragende Website mit zahlreichen Informationen aller Art ist *www.venezuela.li*. Die Universität Texas hält eine enorme Linksammlung über Venezuela bereit, meist auf Englisch oder Spanisch: *www.lanic.utexas.edu/la/venezuela*. Eine weitere immense Sammlung von Links, speziell zum Thema Reisen in Venezuela, listet *www.backpacker.cc*. Lohnende Sites mit zahlreichen Infos sowie weiterführenden Links sind auch *www.think-venezuela.net, www.venezuela-urlaub.de, www.caiman.de* und *www.venezuelareise.net* (alle vier in deutscher Sprache). *www.burodevenezuela.com* und *www.visit-venezuela.com* sind zwei informative touristische Portale der Tourismuskammer und der Regierung auf Spanisch.

WÄHRUNGSRECHNER

€	VEB	VEB	€
1	3.108	500	0,16
2	6.215	1000	0,32
3	9.323	1250	0,40
4	12.430	2000	0,64
5	15.538	3000	0,97
15	46.613	4000	1,29
60	186.451	7000	2,25
70	217.526	15 000	4,83
125	388.439	25 000	8,05

Unter *www.miropopic.com* findet man (auf Englisch und Spanisch) einen Gastronomieführer für Caracas und den *Guía Ecoturística* mit Informationen über Nationalparks, Camps und *posadas*.

INTERNETCAFÉS

Caracas und touristische Zentren wie die Isla de Margarita und Mérida sind mit Internetcafés gut versorgt. Viele Hotels und *posadas* im ganzen Land bieten die Nutzung eines Computers mit Internetzugang an.

ÖFFENTLICHE VERKEHRSMITTEL

Venezuela hat ein hervorragendes Busnetz. Fast in jedes Dorf kommt man sicher und meistens auch ziemlich bequem. Auf den großen Überlandstrecken fahren meist klimatisierte und mit Toiletten ausgerüstete Busse, die besonders pünktlich sind. Für kurze und mittlere Strecken geeignet ist das Sammeltaxi *por puesto*, das es fast überall gibt und das erst losfährt, wenn alle Plätze *(puestos)* belegt sind. Feste Haltestellen sind nicht vorgesehen – man klopft aufs Blech, wenn das Taxi halten soll. In den Städten gilt das gleiche System, zumeist mit *microbuses*.

ÖFFNUNGSZEITEN

Ein Ladenschlussgesetz gibt es nicht. Sie finden auch sonntags einen Tante-Emma-Laden, der geöffnet ist. Supermärkte haben bis abends offen.

POST

Die Post gilt als langsam und unzuverlässig. Eine Postkarte (dauert bis zu sechs Wochen!) kostet 2600, ein Brief per Einschreiben 4400 VEB.

PREISE & WÄHRUNG

Zurzeit ist Venezuela ein sehr preiswertes Reiseland. Der Wechselkurs vom US-$ zum Bolívar ist staatlich festgelegt. Man kommt nur sehr schwierig an Devisen heran, daher ist ein Schwarzmarkt entstanden, auf dem der Bolívar zu einem wesentlich besseren Kurs gehandelt wird. Allerdings gibt es sehr strenge Gesetze, die das Wechseln von Devisen außerhalb der zulässigen Stellen unter empfindliche Strafen stellen. Bei Nutzung von Kreditkarten wird der offizielle Kurs zugrunde gelegt. Bei Redaktionsschluss war eine Währungsreform geplant, bei der die Wechselkontrolle noch verschärft werden sollte. Die neue Währung, bei der drei Nullen gestrichen werden, wird *Bolívar Fuerte* (starker Bolívar) genannt.

REISEZEIT

Die Jahreszeiten unterscheiden sich vor allem durch den Wechsel von Regen und Trockenheit. Von Ende November bis April (Trockenzeit) ist die beste Zeit, die Llanos zu besuchen; in der Regenzeit sind viele Straßen unpassierbar. Für den Süden empfiehlt sich hingegen die Regenzeit, denn dann ist das Schauspiel der Wasserfälle in der Gran Sabana erst wirklich eindrucksvoll. Die karibische Küste hat ein konstant sommerliches Klima.

STROM

Die Netzspannung beträgt 110 Volt/60 Hertz (Wechselstrom). Man benötigt amerikanische Flachstecker. Am besten vor der Reise einen Multistecker besorgen.

TAXI

Fahren Sie nicht los, ohne vorher einen Pauschalpreis auszuhandeln oder auf Einschalten des Taxameters zu bestehen. Sie sollten aus Sicherheitsgründen ausschließlich die offiziell zugelassenen Taxis, erkennbar an den Dachaufsätzen, nehmen.

TELEFON & HANDY

Besorgen Sie sich am besten eine Telefonkarte für die öffentlichen Telefonzellen. Für ein Auslandsgespräch benötigen Sie eine *tarjeta telefónica* für mindestens 5000 VEB. Die Apparate für internationale Gespräche sind gekennzeichnet. Die Vorwahlen sind für Deutschland *0049*, für Österreich *0043*, für die Schweiz *0041*. Die Vorwahl für Venezuela ist *0058*.

Europäische Handys funktionieren in Venezuela, allerdings mit gewissen Einschränkungen. Durch eine Teilung des Landes auf zwei verschiedene Roamingpartner kommt es bei einigen Netzen zu Funklöchern, die den gesamten Westen oder den Osten von Venezuela betreffen können. Am besten besorgt man sich bei

> www.marcopolo.de/venezuela

PRAKTISCHE HINWEISE

Ankunft eine SIM-Karte der Firma Digitel (rot-weißes Logo). Dann erhält man für knapp 10 Euro eine venezolanische Telefonnummer mit einem Grundguthaben und kann sein mitgebrachtes Handy kostengünstig auch für internationale Gespräche nutzen. Venezolanische Handynummern erkennt man an den ersten beiden Ziffern „04".

TRINKGELD

Trinkgelder bis zehn Prozent sind bei Zufriedenheit eine Selbstverständlichkeit. Kofferträger, Schuhputzer, Portiers erwarten ein paar kleinere Scheine – sie müssen davon leben.

UNTERKUNFT

Hotels sind in Venezuela mit einem Sternesystem klassifiziert, das dem deutschen nicht in allen Punkten entspricht. Bei schmalerem Geldbeutel sollte man sich eher an Pensionen *(posadas)* orientieren – der Standard liegt bei gleichem Preisniveau erfahrungsgemäß höher. In Caracas sollte man aus Sicherheitsgründen nicht am Hotel sparen.

ZEIT

Venezuela liegt fünf, während der europäischen Sommerzeit sechs Stunden gegenüber der MEZ zurück.

ZOLL

Die Einfuhr von Frischprodukten und Lebensmitteln nach Venezuela ist verboten. Zollfrei bei der Ein- und Ausreise sind u. a.: 500 g Kaffee, 200 Zigaretten, 1 l Spirituosen und 50 g Parfum sowie Schmuck für den persönlichen Bedarf (Kaufquittungen aufheben!). Da Kaffee ein starkes Aroma hat, hat der Kokainschmuggel in Kaffeepackungen zugenommen, sodass Touristen, die Kaffee ausführen, meist kontrolliert werden.

WETTER IN CARACAS

Jan.	Feb.	März	April	Mai	Juni	Juli	Aug.	Sept.	Okt.	Nov.	Dez.
26	26	28	28	28	27	26	27	28	27	27	26

Tagestemperaturen in °C

Jan.	Feb.	März	April	Mai	Juni	Juli	Aug.	Sept.	Okt.	Nov.	Dez.
15	15	16	17	18	18	17	17	17	17	17	16

Nachttemperaturen in °C

Jan.	Feb.	März	April	Mai	Juni	Juli	Aug.	Sept.	Okt.	Nov.	Dez.
8	8	8	6	6	6	7	7	7	7	7	7

Sonnenschein Std./Tag

Jan.	Feb.	März	April	Mai	Juni	Juli	Aug.	Sept.	Okt.	Nov.	Dez.
4	3	2	4	8	13	13	11	11	11	8	6

Niederschlag Tage/Monat

Jan.	Feb.	März	April	Mai	Juni	Juli	Aug.	Sept.	Okt.	Nov.	Dez.
27	26	26	27	27	27	28	28	29	29	27	27

Wassertemperaturen in °C

> ¿HABLAS ESPAÑOL?

„Sprichst du Spanisch?" Dieser Sprachführer hilft Ihnen, die wichtigsten Wörter und Sätze auf Spanisch zu sagen

Aussprache

Zur Erleichterung der Aussprache:

c	vor „e, i" wie deutsches stimmloses „s", vor „a, o, u" wie deutsches „k"
ch	stimmloses deutsches „tsch" wie in „tschüss"
g	vor „e, i" wie deutsches „ch" in „Bach"
gue, gui/que, qui	das „u" ist immer stumm, wie deutsches „g"/„k"
j	immer wie deutsches „ch" in „Bach"
ll, y	wie deutsches „j" zwischen Vokalen. Bsp.: Mallorca
ñ	wie „gn" in „Champagner"

■ AUF EINEN BLICK

Ja./Nein.	Sí./No.
Vielleicht.	Quizás./Tal vez.
In Ordnung!/Einverstanden!	¡De acuerdo!/¡Está bien!
Bitte./Danke.	Por favor./Gracias.
Vielen Dank.	Muchas gracias.
Gern geschehen.	De nada.
Entschuldigung!	¡Perdón!
Wie bitte?	¿Cómo (dice/dices)?
Ich verstehe Sie/dich nicht.	No le/la/te entiendo.
Ich spreche nur wenig Spanisch.	Hablo sólo un poco de castellano.
Können Sie mir bitte helfen?	¿Puede usted ayudarme, por favor?
Ich möchte/würde gerne …	Quiero …/Quisiera …
Das gefällt mir (nicht).	(No) me gusta.
Haben Sie …?	¿Tiene usted …?
Wie viel kostet es?	¿Cuánto cuesta?
Wie viel Uhr ist es?	¿Qué hora es?

■ KENNENLERNEN

Guten Morgen/Tag!	¡Buenos días!
Guten Tag!	¡Buenas tardes! *(nachmittags)*
Guten Abend!	¡Buenas tardes!
Gute Nacht!	¡Buenas noches!
Hallo! Wie geht's?	¡Hola! ¿Qué tal?
Ich heiße …	Me llamo …
Ich komme aus …	Soy de …

> *www.marcopolo.de/venezuela*

SPRACHFÜHRER SPANISCH

Wie ist Ihr Name, bitte?	¿Cómo se llama usted, por favor?
Wie geht es Ihnen/dir?	¿Cómo está usted?/¿Qué tal?
Danke. Und Ihnen/dir?	Bien, gracias. ¿Y usted/tú?
Auf Wiedersehen!	¡Adiós!
Tschüss!	¡Adiós!
Bis bald!/Bis später!	¡Hasta pronto!/¡Hasta luego!
Bis morgen!	¡Hasta mañana!

UNTERWEGS

AUSKUNFT

links/rechts	a la izquierda/a la derecha
geradeaus	derecho
nah/weit	cerca/lejos
Wie weit ist das?	¿A qué distancia está?
Ich möchte … mieten.	Quiero alquilar …
… ein Auto …	… un carro.
… ein Boot …	… una barca/un bote/un barco.
Bitte, wo ist …	Perdón, ¿dónde está …
… der Busbahnhof?	… el terminal de autobuses?
… der Hafen?	… el puerto?
… der Flughafen?	… el aeropuerto?
Zum … Hotel.	Al hotel …

TANKSTELLE

Wo ist bitte die nächste Tankstelle?	¿Dónde está la estación de gasolina/la bomba más cercana, por favor?
Ich möchte … Liter …	Quiero … litros de …
… Normalbenzin.	… gasolina normal.
… Super./… Diesel.	… súper./… diesel.
… Bleifrei	… sin plomo.
Voll tanken, bitte.	Lleno, por favor.

UNFALL

Hilfe!	¡Ayuda!/¡Socorro!
Achtung!	¡Atención!
Rufen Sie bitte schnell …	Por favor, llame enseguida …
… einen Krankenwagen.	… una ambulancia.
… die Polizei.	… a la policía.
… die Feuerwehr.	… a los bomberos.

Es war meine Schuld. — Ha sido por mi culpa.
Es war Ihre Schuld. — Ha sido por su culpa.

ESSEN & TRINKEN/EINKAUFEN

Wo gibt es hier … — ¿Dónde hay por aquí cerca …
… ein gutes Restaurant? — … un buen restaurante?
… ein nicht zu teures Restaurant? — … un restaurante no demasiado caro?

Auf Ihr Wohl! — ¡Salud!
Bezahlen, bitte. — ¡La cuenta, por favor!
Reservieren Sie uns bitte für heute Abend einen Tisch für vier Personen. — ¡Por favor, resérvenos para esta noche una mesa para cuatro personas!
Die Speisekarte, bitte. — ¡El menú, por favor!
Ich nehme … — Quisiera …/Tráigame …
… einen Espresso — … un café solo
… einen Milchkaffee — … un café con leche
… einen Tee — … un té
   … mit Zucker/Milch/Zitrone — … con azúcar/leche/limón
… einen (Orangen-)Saft — … un jugo (de naranja)
… ein Bier — … una cerveza
… ein Mineralwasser — … un agua mineral
   … mit/ohne Kohlensäure — … con/sin gas
   … mit/ohne Eis — … con/sin hielo
… einen Weißwein — … un vino blanco
… einen Rotwein — … un vino tinto
Frühstück — desayuno
Mittagessen — almuerzo
Abendessen — cena
Fisch — pescado
Fleisch — carne
Geflügel — aves
Salat — ensalada
Suppe — sopa
Dessert — postre
vegetarisch — vegetariano
Messer — cuchillo
Gabel — tenedor
Löffel — cuchara
Wo finde ich … — Por favor, ¿dónde hay …
… eine Apotheke? — … una farmacia?
… eine Bäckerei? — … una panadería?
… ein Lebensmittelgeschäft? — … un almacén?
… den Markt? — … el mercado?

> www.marcopolo.de/venezuela

SPRACHFÜHRER

ÜBERNACHTEN

Entschuldigung, können Sie mir bitte … empfehlen?	Perdón, señor/señora/señorita. ¿Podría usted recomendarme …
… ein Hotel …	… un hotel?
… eine Pension …	… una pensión?
Ich habe ein Zimmer reserviert.	He reservado una habitación.
Haben Sie noch …	¿Tienen ustedes …
… ein Einzelzimmer?	… una habitación individual?
… ein Zweibettzimmer?	… una habitación doble?
… mit Dusche/Bad?	… con ducha/baño?
… für eine Nacht?	… para una noche?
… für eine Woche?	… para una semana?
Was kostet das Zimmer mit …	¿Cuánto cuesta la habitación con …
… Frühstück?	… desayuno?
… Halbpension?	… media pensión?

PRAKTISCHE INFORMATIONEN

ARZT

Können Sie mir einen guten Arzt empfehlen?	¿Puede usted recomendarme un buen médico?
Ich habe …	Tengo …
… Durchfall.	… diarrea.
… Fieber.	… fiebre.
… Kopfschmerzen.	… dolor de cabeza.
… Zahnschmerzen.	… dolor de muelas.

BANK

Wo ist hier bitte …	Por favor, ¿dónde hay por aquí …
… eine Bank/… eine Wechselstube?	… un banco?/una oficina de cambio?
Ich möchte … Euro in Bolívares wechseln.	Quiero cambiar … euros en bolívares.

ZAHLEN

1	un, uno, una	10	diez	20	veinte
2	dos	11	once	21	veintiuno, -a, veintiún
3	tres	12	doce		
4	cuatro	13	trece	50	cincuenta
5	cinco	14	catorce	100	cien, ciento
6	seis	15	quince		
7	siete	16	dieciséis	1000	mil
8	ocho	17	diecisiete	10 000	diez mil
9	nueve	18	dieciocho	1/2	medio
		19	diecinueve	1/4	un cuarto

> Die Seiteneinteilung für den Reiseatlas finden Sie auf dem hinteren Umschlag dieses Reiseführers.

Mit freundlicher Unterstützung von

kein urlaub ohne

holiday autos

gang einlegen, gas geben, urlaub kommen lassen.

holiday autos vermittelt ihnen ferienmietwagen zu alles inklusive preisen an über 5.000 stationen – weltweit.

REISEATLAS VENEZUELA

buchen sie gleich:

→ in ihrem reisebüro
→ unter www.holidayautos.de
→ telefonisch unter 0180 5 17 91 91
(14 ct/min aus dem deutschen festnetz)

kein urlaub ohne

holiday autos

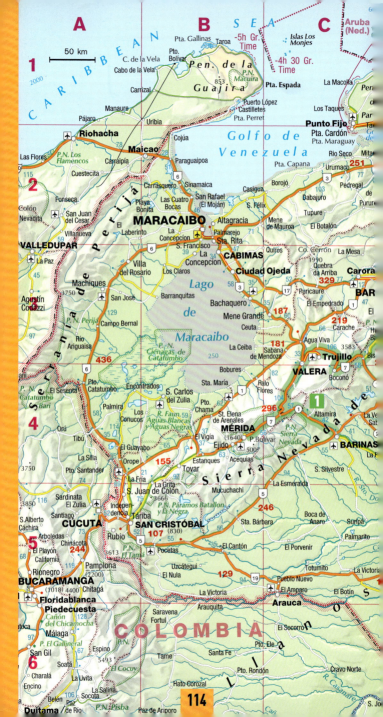

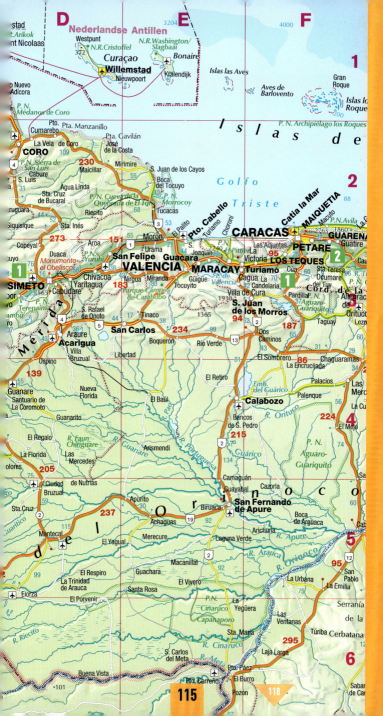

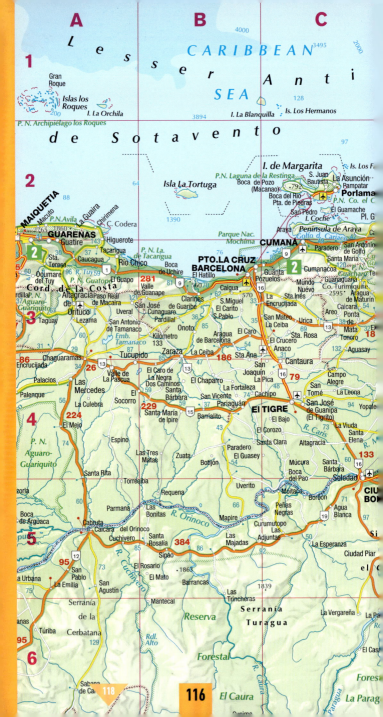

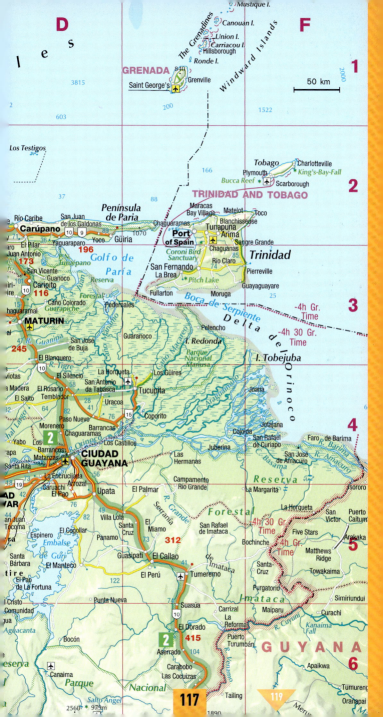

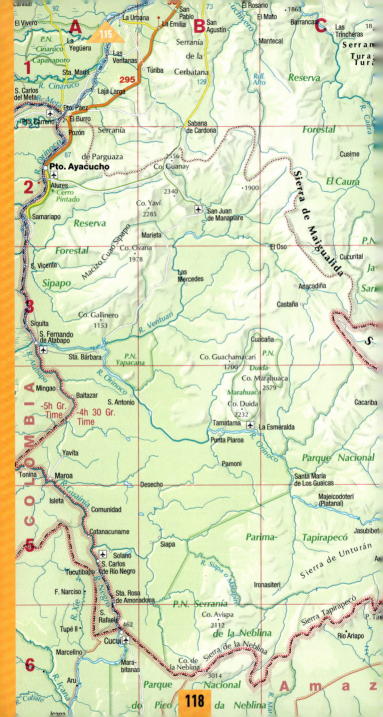

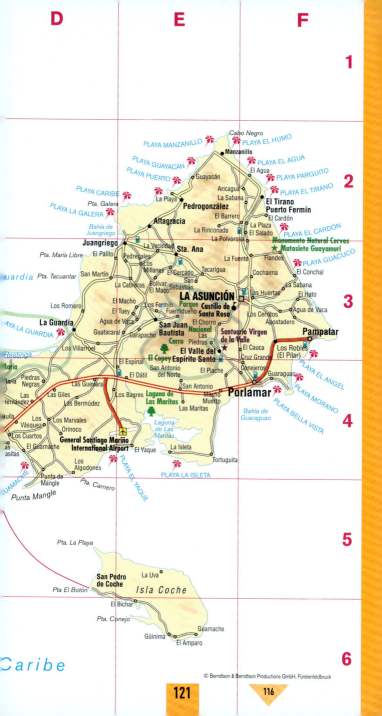

KARTENLEGENDE

Autobahn, mehrspurige Straße - in Bau Highway, multilane divided road - under construction	≡≡≡ ≡ ≡ ≡	Auto-estrada, estrada com quatro ou mais faixas - em construção Autopista, carretera de más carriles - en construcción
Fernverkehrsstraße - in Bau Trunk road - under construction	─── ─ ─ ─	Ruta de longa distância - em construção Ruta de larga distancia - en construcción
Hauptstraße Principal highway	───	Estrada regional Carretera principal
Nebenstraße Secondary road	───	Estrada secundária Carretera secundaria
Fahrweg, Piste Practicable road, track	───	Calçada, pista Camino vecinal, pista
Straßennummerierung Road numbering	13 BR 230 1	Numeração de estradas Numeración de carreteras
Entfernungen in Kilometer Distances in kilometers	259 130 129	Quilometragem Distancias en kilómetros
Höhe in Meter - Pass Height in meters - Pass	1365 ·	Altura em metros - Desfiladeiro Altura en metros - Puerto de montaña
Eisenbahn - Eisenbahnfähre Railway - Railway ferry	▬▬▬ ·····	Caminho-de-ferro - Comboios Ferrocarril - Transbordador para ferrocarriles
Autofähre - Schifffahrtslinie Car ferry - Shipping route		Batelões para automóveis - Linha de navegação Transbordador de automóviles - Ruta marítima
Wichtiger internationaler Flughafen - Flughafen Major international airport - Airport	✈ ✈	Aeroporto importante internacional - Aeroporto Aeropuerto importante internacional - Aeropuerto
Internationale Grenze - Provinzgrenze International boundary - Province boundary	▨▨▨▨	Fronteira nacional - Fronteira provincial Frontera nacional - Frontera provincial
Unbestimmte Grenze Undefined boundary	▬ ▬ ▬	Fronteira incerta Frontera indeterminada
Zeitzonengrenze Time zone boundary	-4h Greenwich Time -3h Greenwich Time	Limite de fuso horário Límite del huso horario
Hauptstadt eines souveränen Staates National capital	**BOGOTÁ**	Capital de país soberano Capital de un estado soberano
Hauptstadt eines Bundesstaates Federal capital	**Boa Vista**	Capital de estado Capital de estado
Sperrgebiet Restricted area	▨▨▨	Área proibida Zona prohibida
Nationalpark National park	▤▤▤	Parque nacional Parque nacional
Antikes Baudenkmal Ancient monument	∴	Construção da antiguidade Yacimiento arqueológico
Sehenswertes Kulturdenkmal Interesting cultural monument	✶ *Uxmal*	Monumento cultural de interesse Monumento cultural de interés
Sehenswertes Naturdenkmal Interesting natural monument	✶ *Agua Azul Cascades*	Monumento natural de interesse Monumento natural de interés
Brunnen Well	‿	Poço Pozo
Ausflüge & Touren Excursions & tours	▬▬▬	Excursões & voltas Excursiones & rutas

anzeige

über den daten-
highway zu mehr
spaß auf allen
anderen straßen:

kein urlaub ohne
holiday autos

15 euro rabatt
sichern! sms
mit **HOLIDAY**
an **83111***
(49 cent/sms)

so einfach geht´s:
senden sie das wort **HOLIDAY** per sms an die nummer **83111***
(49 cent/sms) und wir schicken ihnen ihren rabatt-code per sms zurück.
mit diesem code erhalten sie 15 euro preisnachlass auf ihre nächste
mietwagenbuchung! einzulösen ganz einfach in reisebüros, unter der
hotline 0180 5 17 91 91 (14 cent/min) oder unter www.holidayautos.de
(mindestalter des mietwagenbuchers: in der regel 21 jahre). der code ist
gültig für buchung und mietbeginn bis 31.12.2010 für eine mindest-
mietdauer von 5 tagen. der rabattcode kann pro mobilfunknummer nur
einmal angefordert werden. dieses angebot ist gültig für alle zielgebiete
aus dem programm von holiday autos nach verfügbarkeit.

*vodafone-kunden: 12 cent vodafone-leistung + 37 cent zusatzentgelt des anbieters.
teilnahme nur mit deutscher sim-karte möglich.

REGISTER

Im Register sind alle in diesem Reiseführer erwähnten Orte und Ausflugsziele verzeichnet. Halbfette Seitenzahlen verweisen auf den Haupteintrag, kursive auf ein Foto.

Adícora **69**, 95, 97
Altamira de Cáceres 23
Angostura 78ff.
Apartaderos 74, **89**, 97
Araya (Halbinsel) 53, **63**
Arekuna 85
Auyán Tepui 80, 83
Autana **83**, 97
Ávila *11*, 38f.
Bahía de Patanemo 88
Balneario Suruapé 101
Barcelona 53ff.
Barinas 70, **89**
Barquisimeto 10, 26, **88**
Boca del Río 45
Boconó 88f.
Canaima (Dorf) 84
Canaima (PN) *6/7*, 21, 62, 76, 80, **83**ff.
Caraballeda 37
Caracas 8f., 10, *11*, 13, 14, 15, 19, 22, 27, 28, 29, **30**ff., 37, 38, 52, 87, 90, 96, 99, 102ff.
Carúpano 23, 26, 56, **57f.**, 90
Casiquiare, Río 8
Cayo Pelón 68
Cayo Sombrero 68
Cepe 39
Cerro Autana **83**, 97
Cerro Copey 97
Chichiriviche **68f.**, 97
Chivacoa 88
Chuao 39
Ciudad Bolívar 19, 28, **78**ff., 84, 91, 97
Colonia Tovar 36f.
Coro 9, 10, 23, 25, 64, **65**ff., 88
Cueva del Guácharo 62f.
Cuao-Massiv 97
Cumaná 10, 23, **61f.**, 97
Curiepe 23
El Ávila (PN) 38f.
El Borracho 55
El Callao 23
El Hatillo 29, **37**
El Limón 15, 88
El Litoral 37
El Pauji 81f.
El Pilar 90
El Tocuyo 88
El Yaque **42f.**, 92, 95, 97, 98, 100, 101
Farellón 97
Finca Vuelta Larga 97
Franziskanermission Kavanayen 91
Galipán 39
Gavidea 75
Granja El Ojito, La 97, 101

Gran Roque **37**, 100
Gran Sabana 8, 9, 12, 19, 26, 76, 78, **80f.**, 91, 101, 106
Guajira (Halbinsel) 19
Guanare 23
Guayacancito 92, 101
Hacienda Bukare 13, **58f.**, 101
Hacienda La Victoria 74
Hato El Cedral 70
Hato El Frío 70f.
Henri Pittier (PN) 15, 21, 37, **39**
Hotel Los Frailes 74, *75*
Isla Anatoly 84
Isla Chimana Segunda 55
Isla Coche 42, **43f.**, 92, 97, 98, 101
Isla de Margarita 8, 9, *27*, 28, 29, **40ff.**, 63, 84, 85, **92f.**, 95, 96, 97, 98, 100f., 102, 105
Islas Los Frailes **48**, 97
Isla Orquídeas 84
Jají 74
Juan Crisóstomo Falcón (PN) **69**, 101
Juangriego *27*, *40/41*, **44f.**, 46, 51
Kavac *76/77*, 85
Kavanayen 91
La Asunción 41, 51
La Azulita 73
La Borracha 55
La Fronda 29
La Granja El Ojito 67f.
La Gran Sabana 8, 9, 12, 19, 26, 76, 78, **80f.**, 91, 101, 106
La Guaira 37
La Guardia 46
Laguna de la Restinga 45
Laguna Hacha 84
Laguna Mucubají **74**, 97
Laguna Negra 97
La Mucuruba 23
La Vecindad 51
La Vela de Coro 67
Llanos 8, 19, 25, 26, **69ff.**, 89, 106
Loma Redonda 71
Los Altos 55
Los Frailes (Hotel) 74, *75*
Los Frailes (Islas) **48**, 97
Los Nevados 71, 97, 101
Los Roques *9*, **37f.**, 42, 96f., 99f.
Macanao 41, **45**
Macuto 37
Majagual (Halbinsel) 55
Mantopai 95
Maracaibo 9, 10, 22, **71**

Maracaibosee 9, 10, 64, 71
Maracay 87f.
Margarita 8, 9, *27*, 28, 29, **40ff.**, 63, 84, 85, **92f.**, 95, 96, 97, 98, 100f., 102, 105
Mariusa (PN) 63
Maturín 14, 63
Médanos de Coro (PN) 68
Mérida 9, 23, 25, 71, **72f.**, 88, 89, 95, 97, 101, 105
Mochima (Dorf) 56
Mochima (PN) 9, 52, **55**ff., 62, 97
Morrocoy (PN) 9, *21*, 64, **68.**, 97
Naiguaitá 39
Nationalpark ... s. unter dem Namen des Parks
Orinoco 9, 10, 76, 78f., 80, **82f.**, 96
Orinocodelta 9, 10, *18*, 19, 42, 59, 62, **63**, 91
Pampatar 42, **45f.**, 51, 93, 100
Paragua 28
Paraguaná (Halbinsel) 9, 68, **69**, 95, 97
Paria (Halbinsel) 19, 42, 53, **56**ff., 62, 90, 97, 101
Parima-Tapirapecó (PN) 21
Parque La Llovizna 80
Parque Nacional (PN) ... s. unter dem Namen des Parks
Paso El Águila 89
Península ... s. unter dem Namen der Halbinsel
Pico Bolívar 8, 75, 89
Pico Espejo **75**, 89, 97
Pico Humboldt 75
Playa Auyama 45
Playa Blanca 59
Playa Caribe 44, 51
Playa Colorada *52/53*, **56f.**
Playa Copey 56, 58, *127*
Playa El Agua 28, **46f.**, 51, 97, 101
Playa El Cardón 51
Playa El Tirano *50*, 51
Playa La Galera 44
Playa La Pared 92
Playa La Restinga 45
Playa Las Maritas 56
Playa Medina 57, **59**, 60
Playa Parguito 51
Playa Puerto Cruz 51
Playa Pui Puy 59f.
Porlamar 29, 38, 42, 46, **48ff.**, 92, 93, 100, 102
Puerto Ayacucho 29, **82f.**, 96, 97

> *www.marcopolo.de/venezuela*

IMPRESSUM

Puerto Cabello 88
Puerto Colombia 37, **39**
Puerto La Cruz 53ff., **90**, 97
Puerto Ordaz 80, 84
Quebrada de Jaspe 82, **90**, 91
Quebrada de Pacheco 91
Quibor 88
Río Caribe 57, 59, **60**
Río Caroní 80
Río Carrao 84
Río Casiquiare 8, 82
Río Caura 80, 97
Río Negro 82
Roraima 82
Salto Angel 9, 42, 62, 76, **83f.**, 85
Salto Aponguao 91
Salto Kamá 91
Salto Sapito 84
Salto Sapo 84
San Agustín 63
San Fernando de Apure 22
San Francisco 45
San Francisco de Yare 23
San José de Río Chico 23
San Rafael de Tabay 75
Santa Ana 69
Santa Clara de Choroní 19, 23, 39
Santa Cruz de Mora 74
Santa Elena de Uairén **80f.**, 90, 91
Sierra Nevada (PN) 15, 64, **74f.**, 89, 97
Sierra San Luis 67, **69**, 101
Soledad 80
Tabanarempa-Fälle 85
Tabay 15, **75**
Tacarigua 51
Tafelberg 9, 12, 76, 78, **80ff.**, **83ff.**, 91
Tepui de Roraima 82
Trujillo 89
Tucupita 63, 91
Turuépano (PN) **59**, 91
Valencia 88
Valera 89
Wasserbüffelhaciendas 60f.

> SCHREIBEN SIE UNS!

Liebe Leserin, lieber Leser,

wir setzen alles daran, Ihnen möglichst aktuelle Informationen mit auf die Reise zu geben. Dennoch schleichen sich manchmal Fehler ein – trotz gründlicher Recherche unserer Autoren/innen. Sie haben sicherlich Verständnis, dass der Verlag dafür keine Haftung übernehmen kann.

Wir freuen uns aber, wenn Sie uns schreiben.

Senden Sie Ihre Post an die
MARCO POLO Redaktion,
MAIRDUMONT, Postfach 31 51,
73751 Ostfildern,
info@marcopolo.de

IMPRESSUM

Titelbild: Playa Colorada im Nationalpark Mochima (alamy images/imagebroker: Siepmann)
Fotos: alamy images/imagebroker: Siepmann (1); V. Alsen (127); Casa Vieja Mérida: Dirk Klaiber (15 u.); Alberto Cavalieri (15 o.); Condor Verde Travel: Daniel Duque (12 u.); Durant & Diego: Rossana Ortiz (13 o.); HB Verlag: Widmann (2 r., 3 M., 16/17, 23, 27, 32, 86/87, 100); F. Ihlow (28/29, 49, 52/53, 64/65, 72, 89); V. Janicke (22, 36, 66); G. Jung (3 l., 4 l., 5, 6/7, 18, 38/39, 47, 91, 96, 103); Dirk Klaiber (12 o.); Denis Romanov (92 M. r.); ©iStockphoto.com: aldegonde (92 u. r.), dave 101 (14 u.), Fitzer (14 M.), grahamheywood (92 M. l.), nikada 33 (14 o.), quach (93 M. l.), robas (13 u.), sculpies (93 o. l.), shorrocks (93 u. r.), Thisabled (92 o. l.), Yuri_Arcurs (93 M. r.); T. P. Widmann (U. M., U. r., 3 r., 4 r., 8/9, 21, 22/23, 26, 28, 29, 30/31, 35, 40/41, 44, 45, 50, 54, 57, 59, 63, 68/69, 70, 74, 75, 76/77, 78, 81, 82, 85, 90, 94/95, 98/99, 112/113); M. Zegers (U. l., 2 l., 11, 24/25, 42, 60)

7., aktualisierte Auflage 2008
© MAIRDUMONT GmbH & Co. KG, Ostfildern
Verlegerin: Stephanie Mair-Huydts; Chefredaktion: Michaela Lienemann, Marion Zorn
Autorin: Susanne Asal; Bearbeitung: Volker Alsen; Redaktion: Nikolai Michaelis
Programmbetreuung: Leonie Dlugosch, Nadia Al Kureischi; Bildredaktion: Gabriele Forst
Szene/24h: wunder media, München
Kartografie Reiseatlas: © MAIRDUMONT; Berndtson & Berndtson GmbH, Fürstenfeldbruck
Innengestaltung: Zum goldenen Hirschen, Hamburg; Titel/S. 1–3: Factor Product, München
Sprachführer: in Zusammenarbeit mit Ernst Klett Sprachen GmbH, Stuttgart, Redaktion PONS Wörterbücher
Das Werk einschließlich aller seiner Teile ist urheberrechtlich geschützt. Jede urheberrechtsrelevante Verwertung ist ohne Zustimmung des Verlages unzulässig und strafbar. Das gilt insbesondere für Vervielfältigungen, Übersetzungen, Nachahmungen, Mikroverfilmungen und die Einspeicherung und Verarbeitung in elektronischen Systemen.
Printed in Germany. Gedruckt auf 100% chlorfrei gebleichtem Papier

FÜR IHRE NÄCHSTE REISE
gibt es folgende MARCO POLO Titel:

DEUTSCHLAND
Allgäu
Amrum/Föhr
Bayerischer Wald
Berlin
Bodensee
Chiemgau/Berchtesgadener Land
Dresden/Sächsische Schweiz
Düsseldorf
Eifel
Erzgebirge/Vogtland
Franken
Frankfurt
Hamburg
Harz
Heidelberg
Köln
Lausitz/Spreewald/Zittauer Gebirge
Leipzig
Lüneburger Heide/Wendland
Mark Brandenburg
Mecklenburgische Seenplatte
Mosel
München
Nordseeküste Schleswig-Holstein
Oberbayern
Ostfriesische Inseln
Ostfriesland/Nordseeküste/Niedersachsen/Helgoland
Ostseeküste Mecklenburg-Vorpommern
Ostseeküste Schleswig-Holstein
Pfalz
Potsdam
Rheingau/Wiesbaden
Rügen/Hiddensee/Stralsund
Ruhrgebiet
Schwäbische Alb
Schwarzwald
Stuttgart
Sylt
Thüringen
Usedom
Weimar

ÖSTERREICH | SCHWEIZ
Berner Oberland/Bern
Kärnten
Österreich
Salzburger Land
Schweiz
Tessin
Tirol
Wien
Zürich

FRANKREICH
Bretagne
Burgund
Côte d'Azur/Monaco
Elsass
Frankreich
Französische Atlantikküste
Korsika
Languedoc Roussillon
Loire-Tal
Normandie
Paris
Provence

ITALIEN | MALTA
Apulien
Capri
Dolomiten
Elba/Toskanischer Archipel
Emilia-Romagna
Florenz
Gardasee
Golf von Neapel
Ischia
Italien
Italienische Adria
Italien Nord
Italien Süd
Kalabrien
Ligurien/Cinque Terre
Mailand/Lombardei
Malta/Gozo
Oberital. Seen
Piemont/Turin
Rom
Sardinien
Sizilien/Liparische Inseln
Südtirol
Toskana
Umbrien
Venedig
Venetien/Friaul

SPANIEN | PORTUGAL
Algarve
Andalusien
Barcelona
Baskenland/Bilbao
Costa Blanca
Costa Brava
Costa del Sol/Granada
Fuerteventura
Gran Canaria
Ibiza/Formentera
Jakobsweg/Spanien
La Gomera/El Hierro
Lanzarote
La Palma
Lissabon
Madeira
Madrid
Mallorca
Menorca
Portugal
Spanien
Teneriffa

NORDEUROPA
Bornholm
Dänemark
Finnland
Island
Kopenhagen
Norwegen
Schweden
Südschweden/Stockholm

WESTEUROPA | BENELUX
Amsterdam
Brüssel
Dublin
England
Flandern
Irland
Kanalinseln
London
Luxemburg
Niederlande
Niederländische Küste
Schottland
Südengland

OSTEUROPA
Baltikum
Budapest
Estland
Kaliningrader Gebiet
Lettland
Litauen/Kurische Nehrung
Masurische Seen
Moskau
Plattensee
Polen
Polnische Ostseeküste/Danzig
Prag
Riesengebirge
Rumänien
Russland
Slowakei
St. Petersburg
Tschechien
Ungarn
Warschau

SÜDOSTEUROPA
Bulgarien
Bulgarische Schwarzmeerküste
Kroatische Küste/Dalmatien
Kroatische Küste/Istrien/Kvarner
Montenegro
Slowenien

GRIECHENLAND | TÜRKEI
Athen
Chalkidiki
Griechenland Festland
Griechische Inseln/Ägäis
Istanbul
Korfu
Kos
Kreta
Peloponnes
Rhodos
Samos
Santorin
Türkei
Türkische Südküste
Türkische Westküste
Zakinthos
Zypern

NORDAMERIKA
Alaska
Chicago und die Großen Seen
Florida
Hawaii
Kalifornien
Kanada
Kanada Ost
Kanada West
Las Vegas
Los Angeles
New York
San Francisco
USA
USA Neuengland/Long Island
USA Ost
USA Südstaaten/New Orleans
USA Südwest
USA West
Washington D.C.

MITTEL- UND SÜDAMERIKA
Argentinien
Brasilien
Chile
Costa Rica
Dominikanische Republik
Jamaika
Karibik/Große Antillen
Karibik/Kleine Antillen
Kuba
Mexiko
Peru/Bolivien
Venezuela
Yucatán

AFRIKA | VORDERER ORIENT
Ägypten
Djerba/Südtunesien
Dubai/Vereinigte Arabische Emirate
Israel
Jerusalem
Jordanien
Kapstadt/Wine Lands/Garden Route
Kenia
Marokko
Namibia
Qatar/Bahrain/Kuwait
Rotes Meer/Sinai
Südafrika
Tunesien

ASIEN
Bali/Lombok
Bangkok
China
Hongkong/Macau
Indien
Japan
Ko Samui/Ko Phangan
Malaysia
Nepal
Peking
Philippinen
Phuket
Rajasthan
Shanghai
Singapur
Sri Lanka
Thailand
Tokio
Vietnam

INDISCHER OZEAN | PAZIFIK
Australien
Malediven
Mauritius
Neuseeland
Seychellen
Südsee

> UNSER INSIDER
MARCO POLO Korrespondent Volker Alsen im Interview

Volker Alsen, Vater von zwei Kindern, seit 1989 im Land, hat sich als Pionier für Individualtourismus in Venezuela einen Namen gemacht.

Sie leben seit 18 Jahren in Venezuela. Wie ist es dazu gekommen?

Nachdem ich Mitte der Achtzigerjahre zum ersten Mal im Paradies Venezuela mit dem Rucksack unterwegs war, hat mich das Fieber gepackt. Meine Reisen nach Lateinamerika haben sich dann gehäuft, und nach Abschluss meines Studiums habe ich den Sprung über den großen Teich endgültig realisiert.

Was reizt Sie an Venezuela?

Die Natur ist ein Wahnsinn hier, die vielfältigen Möglichkeiten, die sich bieten, wenn man ein wenig Abenteuergeist hat – es gibt noch unzählige unentdeckte Ecken. Nebenbei hat man rund ums Jahr gutes Wetter, und das schlägt sich natürlich auf die allgemeine Stimmung und Mentalität nieder.

Wie geht es Ihnen in Venezuela?

Mir geht es prächtig. Venezuela ist für mich die neue Heimat. Hier habe ich Heim, Familie, Freunde und Geschäft. Wir leben in unserem selbst gebauten Haus, und es fehlt mir an nichts – außer an Schwarzbrot. Natürlich muss man auch hier für sein Glück etwas leisten.

Wo und wie leben Sie genau?

Ich lebe in der ruhigen Strandsiedlung Playa Copey nahe dem Fischerstädtchen Carúpano. Hier betreibe ich die Posada Nena, eine kleine Oase für Reisende aus aller Welt, und die Reiseagentur Parianatours, mit der wir Individualreisenden zur Seite stehen. Daher bin ich ständig in ganz Venezuela unterwegs, suche neue, unerforschte Ziele und plane neue Touren und Expeditionen.

Was tun Sie in Ihrer Freizeit?

Arbeit und Freizeit vermischen sich bei mir. Wenn ich im Dschungel auf Tour bin, dann klickt die Kamera permanent, ich mache Aufzeichnungen, plane manchmal dabei eine neue, einzigartige Tour und bin doch in meiner Freizeit.

Was prädestiniert Sie als Reiseautor?

Die Tatsache, dass ich von meinem Job her täglich mit Reisenden spreche und daher wirklich weiß, welche Fragen auftauchen und wie es hier funktioniert.

Mögen Sie die venezolanische Küche?

Ja. Es wird einfallsreich und immer mit frischen Zutaten gekocht, wenngleich es leider nicht sehr viel Abwechslung gibt.

Könnten Sie wieder in Deutschland leben, oder sind Sie „verdorben"?

Das wäre eine riesige Umstellung. Nein, ich bin wohl verdorben von Freiheit und Natur, Chaos und Improvisation.

> BLOSS NICHT!

Worauf Sie bei Ihrem Aufenthalt in Venezuela achten und was Sie tunlichst vermeiden sollten

Leichtsinnig sein

Sie können eine Menge tun, um zu vermeiden, Opfer krimineller Umtriebe zu werden. Beachten Sie in Ihrem eigenen Interesse folgende Faustregeln:
- Wertsachen, Brieftasche, Kamera nicht offen zeigen. Besser in einer Plastiktüte verstecken oder im Hotelsafe lassen.
- Immer das Original des Passes und sonstiger Dokumente dabeihaben, denn bei den häufigen Kontrollen werden nur Originalpapiere anerkannt. Man sollte unbedingt Kopien der Papiere getrennt aufbewahren, damit man im Falle eines Verlusts seine Identität nachweisen kann.
- Geld im Schuh, im Gürtel, in der Hemdbrusttasche oder einer vorderen Hosentasche aufbewahren.
- Gedränge meiden, umsichtig und ruhig bewegen, Hände freihalten.
- Keine finstere Miene aufsetzen, sondern freundlich dreinschauen und lächeln.
- Keine Gegenwehr bei einem Überfall.
- Sich nicht in Schwarzgeldgeschäfte verwickeln lassen – Geld also nie auf der Straße oder in dunklen Eingängen wechseln.

Recht haben wollen

Auch wenn Sie tausendmal im Recht sind: Bestehen Sie nicht darauf. Versuchen Sie, auf (vermeintliches) Unrecht flexibel zu reagieren. Latinos weichen harten Konflikten aus und sind im Stande, selbst in ausweglos scheinenden Lagen noch eine Lösung zu finden.

Am Strand ausziehen

Die Sitten am Strand sind in Venezuela keineswegs so locker wie in Europa. Kein Venezolaner zieht sich, auch nicht hinter vorgehaltenem Handtuch, vor aller Augen am Strand um. Und FKK ist in Venezuela vollkommen undenkbar. Es gilt, komplett bekleidet zu sein, auch wenn der Minibikini nur aus ein paar Fädchen besteht. Für Männer gilt in Städten grundsätzlich das Tragen von langen Hosen als Pflicht.

Das Waschen vergessen

Die Venezolaner gelten als das eitelste Volk dieses Erdballs. Auch wer arm ist, verzichtet nicht auf persönliche Hygiene und, wenn es die Umstände erlauben, auf saubere und gebügelte Kleidung. Körpergeruch gilt als ganz und gar ungehörig, versagende Deoroller ebenso. Und Frauen entfernen sich natürlich die Körperhaare – Männer eifern ihnen dabei übrigens nach, besonders die jungen.

Die Kreditkarte aus den Augen lassen

Geben Sie Ihre Kreditkarte nicht einfach aus der Hand, sondern schauen Sie dem Personal auf die Finger. Ein kleiner, unauffälliger Apparat, nicht größer als ein Lineal, reicht aus, um Ihre Kreditkarte zu „klonen". Auch an den Kassen der Supermärkte wurden diese Apparate eingeführt.